DROPS

of

HOPE

&

Fear

Andrea Benesch

Bibliografische Information der Deutschen Nationalbibliothek: Die Deutsche Nationalbibliothek verzeichnet diese Publikation in der Deutschen Nationalbibliografie; detaillierte bibliografische Daten sind im Internet über dnb.dnb.de abrufbar.

Herstellung und Verlag: BoD – Books on Demand, Norderstedt

Coverdesign
art for your book

Korrektur: Nina Hirschlehner

ISBN
978-3-754349-14-4

Triggerwarnung

Einige Gedichte in diesem Buch behandeln möglicherweise triggernde Themen, darunter Mobbing, psychische und verbale Gewalt, Stalking und Traumaerscheinungen.

Bei manchen Menschen können diese Themen negative Reaktionen auslösen. Bitte sei achtsam, wenn das bei dir der Fall ist.

Solltest du von einem der genannten Themen direkt betroffen sein und Hilfe brauchen, wende dich bitte an eine der folgenden Stellen:

Mobbing

„Mobbing-Hilfetelefon"   **0800 0 116 016**

„Nummer gegen Kummer"   **116 111**
für Kinder und Jugendliche
für Eltern Betroffener   **0800 111 0 550**

Zudem gibt es in allen Bundesländern eigene Beratungsstellen.

Stalking

Hilfetelefon, Gewalt gegen Frauen   **0800 0 116 016**

Der Weiße Ring
https://weisser-ring.de/praevention/tipps/stalking

Zudem gibt es auch hier mittlerweile in allen Bundesländern Beratungsstellen.

Vorwort

Danke, dass du dieses Vorwort liest, denn es bedeutet, dass du meinen Worten eine Chance gibst, dein Herz zu erreichen. Es bedeutet, dass du bereit bist, einen Blick in meine Seele zu werfen, und wer weiß, vielleicht findest du dich selbst zwischen diesen Buchdeckeln.

Wenn du mich kennst, weißt du, wie viel mir das Schreiben bedeutet. Wenn du mich noch nicht kennst, lass mich dir eines sagen: Meine Worte sind mein Rettungsboot. Ohne das Schreiben wüsste ich nicht, wie ich mit meinen Gefühlen und Gedanken umgehen soll.
Doch zum Glück muss ich das nicht wissen, denn ich habe die Worte und Muse, die mir fleißig hilft, alles zu verarbeiten.

„Drops of Hope and Fear" unterscheidet sich inhaltlich nicht groß von seinen Vorgängern. Wie immer werden unterschiedlichste Themen behandelt. Es geht um Dunkles, Helles, Gedanken, Gefühle, Ängste, Hoffnungen.

Da auch eventuell triggernde Themen behandelt werden, hat auch dieser Band wieder eine Triggerwarnung bekommen.

Ich weiß, ihr mögt meinen Soundtrack und deswegen stehen die jeweiligen Songs, die mich inspiriert haben, nicht nur unter dem entsprechenden Gedicht, sondern auch am Ende als Soundtrack aufgelistet. Zudem habe ich eine YouTube-Playlist gemacht und dort alle Songs für euch in der Reihenfolge, wie sie im Buch vorkommen, zusammengesammelt. Allerdings jeden Song nur ein Mal.

Ich denke, damit ist alles so weit gesagt. Ich wünsche euch nun viel Spaß mit meinen Worten. Ich hoffe, sie berühren euch und schaffen es, euch zu beweisen, dass ihr nicht allein seid mit euren Gedanken und Gefühlen.

Eure
Andrea

DROPS

of

HOPE

&

Fear

MEINE *Angst*

Was ist deine größte Angst?
Armut?
Alleinsein?
Was ist es?
Was lässt dich aus Albträumen hochschrecken,
mit Herzrasen
und dem kalten Atem der Angst im Nacken?

Bei mir ist es die Angst,
meine Worte zu verlieren.
Nicht, tatsächlich stumm zu werden,
sondern die Fähigkeit zu verlieren,
meine Gedanken und Gefühle
in Form von Gedichten auszudrücken.

So oft waren die Worte mein Anker,
meine Rettungsleine,
meine helfende Hand,
das Einzige, das zwischen mir und dem Abgrund stand.
Die Vorstellung,
eines Tages vielleicht nicht mehr in der Lage zu sein,
mir alles von der Seele zu schreiben,
macht mir mehr Angst als alles andere.

Ich habe mich daran gewöhnt,
mich auf die Worte verlassen zu können.
Wenn mir alles zu viel wird,
wenn die negativen Gefühle überhandnehmen,
sich alles gegen mich verschwört,
und die Dunkelheit nach mir greift,
sind sie immer da.
Sie retten mich, jedes Mal.

Aber was, wenn sie es irgendwann nicht mehr sind?
Was soll dann aus mir werden?
Wer bin ich, wenn ich nicht schreiben kann?
Bin ich dann überhaupt noch ich?

Lina Maly – Schön genug

Respekt

Du respektierst mich nicht.
Du respektierst meine Arbeit nicht.
Du glaubst, wenn ich das kann,
kann das jeder
und deswegen ist es nichts wert.

Ich habe dir immer zur Verfügung zu stehen,
soll alles stehen und liegen lassen,
wenn du rufst.
Wenn ich Nein sage,
machst du mir ein schlechtes Gewissen.
Du machst mir Druck,
ob ich Zeit habe oder Verpflichtungen,
ist dir egal.

Es kann nicht so wichtig sein,
wie sollte es das auch?
Nichts, was ich tue, hat für dich Bedeutung,
außer du wirfst mir eine Deadline vor die Füße,
die ich zu erfüllen habe.

Du respektierst mich nicht,
ich glaube, mir wird gerade klar,

dass du das nie getan hast.
Und ich fürchte, das wirst du auch nie.

Ich weiß nicht, was ich jetzt tun soll.
Ich fühle mich,
als hättest du mir die rosarote Brille
von der Nase gerissen,
was uns betrifft.
Kenne ich dich überhaupt?
Oder habe ich immer nur gesehen,
was ich sehen wollte?

Julien Baker - Televangelist

Ersticken

Du weißt, wie wichtig mir Ehrlichkeit ist.
Du weißt, wie große Mühe ich mir gebe,
ehrlich,
aber nicht verletzend zu sein.
Warum kannst du nicht ehrlich sein?
Warum tust du mir schön ins Gesicht,
und hintenrum lässt du mich ins Messer laufen?

Warum kannst du mir nicht ehrlich sagen,
was du von mir hältst?
Warum lügst du?
Verstehst du denn nicht,
dass mich das dazu bringst,
einfach alles zu hinterfragen?

Wie soll ich dir jemals wieder irgendetwas glauben?
Wie soll ich je wieder auf dein Wort vertrauen?
Wie soll ich dir überhaupt je wieder vertrauen?

Ich fühle mich,
als hätte ich unsere Beziehung auf Treibsand gebaut,
der jetzt unter mir nachgegeben hat
und mich in die Tiefe zieht.

Egal, wie sehr ich strample,
egal, wie sehr ich kämpfe
und versuche, an der Oberfläche zu bleiben,
ich sinke tiefer und tiefer
und schon bald,
wird der Sand mich ersticken,
so wie deine Lüge
mich beinahe am Schmerz ersticken lässt.

Verstehst du es jetzt?
Ich kann so nicht leben.
Dieses Klima des Misstrauens
und der Unsicherheit,
erstickt mich.

Julien Baker – Shadowboxing

DU *und ich*

Du sagst: Nimm es nicht persönlich.
Du sagst: Sei nicht so empfindlich.
Du sagst: Bezieh nicht immer alles auf dich.
Aber wie soll das gehen,
wenn man sich ausgenutzt fühlt?

Für dich ist es nicht persönlich,
für mich aber schon.
Für dich ist es nicht weiter wichtig,
für mich aber schon.
Für dich ist es längst abgehakt,
für mich ist es das noch lange nicht.

Dieses Gefühl, des sich ausgenutzt Fühlens,
es brennt wie Säure in meiner Brust.
Es ätzt alles Schöne einfach weg
und übrig bleibt das rohe, nackte Fleisch.

Für dich ist das alles längst vorbei,
du bist nicht die, die die Narben davonträgt.
Du bist nicht die, die aus den Trümmern ihres Herzens
alles neu aufbauen muss.
Du bist nicht die, die zurückbleibt.

Du bist die, die weitermacht,
als wäre nichts gewesen.
Du bist die, für die nur sie selbst zählt.
Und ich bin die, die in den Ruinen zurückbleibt,
wenn du längst zum nächsten Opfer weitergezogen bist.

Julien Baker - Hurt less

EIN *einziges Mal*

Ich bin dumm.
Ich bin naiv.
Ich bin zu vertrauensselig.
Ich habe dich hinter meine Mauern gelassen
und du hast mir bewiesen,
dass ich auch nach all den Jahren
noch immer nichts dazu gelernt habe.

Wie oft muss ich noch auf die Nase fallen,
bis ich es endlich verinnerlicht habe?
Wie oft muss mein Vertrauen enttäuscht werden,
bis ich endlich aufhöre zu vertrauen?
Ich dachte, ich wäre klüger.

Warum mache ich immer wieder dieselben Fehler?
Warum lasse ich immer wieder zu,
dass mir jemand so nahe kommt?
Nahe genug, um mich zu verletzen?
Warum gehe ich immer wieder und wieder
dieses Risiko ein?

Und warum kann es sich nicht ein Mal auszahlen?
Ein einziges Mal nur.
Ist das wirklich zu viel verlangt?

Finneas – What they'll say about us

BEHALTE *mich*

Was tust du, wenn dich jemand enttäuscht?
Hakst du es ab,
oder nimmst du es dir zu Herzen?
Kannst du demjenigen vergeben
oder bist du nachtragend?
Nimmst du es der Person übel
oder richten sich deine negativen Gefühle
gegen dich selbst?

Ich nehme es mir zu Herzen.
Ich weiß nicht, ob nachtragend das richtige Wort ist,
aber ich bin nicht gut im Vergeben.
Vielleicht,
weil es noch nie jemand wirklich versucht hat,
meine Vergebung zu erlangen.
Wenn etwas vorgefallen ist und ich gezeigt habe,
dass ich verletzt oder wütend bin,
dann haben mich die Menschen immer abgeschrieben.
Aussortiert.
Weggeworfen.
Als sei ich es nicht wert,
behalten zu werden.

Das hat mich geprägt.
Ich weiß, dass es so ist.
Ich habe Angst, jemandem nahe zu kommen,
mich in irgendeiner Form
an einen anderen Menschen zu binden,
weil ich immer davon ausgehe,
dass derjenige nicht lange bleiben wird.
Niemand bleibt je lange.
Irgendwann werde ich immer ausgetauscht
oder weggeworfen.

Ich weiß, dass mich das kaputt gemacht hat.
Ich weiß, dass es nicht ‚normal‘ ist, so zu fühlen.
Ich beziehe das auf mich
und logisch betrachtet, weiß ich auch,
dass ich das nicht tun sollte,
dass es nicht zwangsläufig etwas mit mir zu tun hat,
was da passiert ist.
Aber ich werde die Gedanken trotzdem nicht los.

Diese negative Spirale,
dieses Geflecht von Zahnrädern,
die alle ineinandergreifen
und dafür sorgen,
dass es nie aufhört.
Ein Auslöser
und die Maschinerie setzt sich in Gang.

Ich glaube immer, es liegt an mir.
Dass ich irgendetwas falsch mache,
dass ich kein Recht darauf habe,
wütend
oder verletzt zu sein,
weil immer,
wenn ich diesen Gefühlen Ausdruck verleihe,
der andere geht.
Das muss doch bedeuten,
dass ich unrecht habe, oder?
Und vor allem, dass ich es nicht wert bin,
um mich zu kämpfen.

Warum sonst würde ich immer zurückgelassen?
Warum hat nicht einer zu mir gesagt
„Es tut mir leid"
und es auch so gemeint?
Ich bin nicht nachtragend im klassischen Sinne.
Ich würde ihnen vergeben,
wenn sie es ernst meinen,
wenn es ihnen wirklich leidtut.
Aber da es nie so ist,
sammle ich diese Verletzungen,
die Ablehnung
und sehe diesem Berg an Erfahrungen
beim Wachsen zu.

Und immer wieder starrt er auf mich herunter,
vorwurfsvoll,
anklagend.
Denn ich bin schuld, dass ich allein bin.
Irgendetwas an mir sorgt dafür,
dass ich immer verlassen werde.
Es muss an mir liegen, oder?
Warum sonst wäre ich immer die,
die mit gebrochenem Herzen
und zertrampeltem Vertrauen zurückbleibt?
Voll enttäuschter Hoffnung,
dass ich dieses Mal jemanden gefunden habe,
der mich behalten will.
Dem ich wichtig bin.

Meine negativen Gefühle richten sich eindeutig
gegen mich selbst.
Das war schon immer so.
Ich frage mich, ob ich das je werde ablegen können.
Ob ich je diese Sehnsucht loswerden kann,
diese verzweifelte Sehnsucht danach,
gewollt zu sein.
Geliebt zu werden.
Jemandem wichtig zu sein.
Behalten zu werden.
Vielleicht irgendwann.

Und so lange bin weiterhin
dieses unsichere kleine Mädchen,
das inmitten der Scherben sitzt
und immer und immer wieder flüsternd bittet:
„Behalte mich."

Imogen Heap – Hide and Seek

FÜR IMMER *jung*

Kannst du dir vorstellen,
für immer jung zu sein?
Niemals zu altern
und immer jugendlich auszusehen?
Würdest du das wollen?

Klar, es kann Angst machen, älter zu werden,
graue Haare zu finden,
einfach zu erkennen,
dass man nicht mehr ganz so belastbar ist wie früher,
nicht mehr so voller Energie.
Dass sich einfach etwas geändert hat.

Aber wäre die Alternative wirklich erstrebenswert?
Für immer jung,
immer unverändert,
eingefroren in der Zeit.

Vielleicht nur dann,
wenn garantiert wäre,
dass wir nicht die Einzigen wären.

Die Ewigkeit allein,
während alle um einen herum alt werden
und sterben.
Denkst du immer noch,
ewige Jugend wäre ein Geschenk?

Ich glaube, letztlich müssen wir dankbar dafür sein,
dass die Zeit für uns alle gleich schnell vergeht.
Natürlich kann es trotzdem sein,
dass man Menschen verliert,
aber was das angeht, sind wir alle gleich.
Verlust, sagt man, gehört eben zum Leben dazu.
Und das stimmt ja auch.
Aber wir alle hoffen,
nicht der zu sein,
der am Ende als Letzter übrig bleibt.

Youth Group - Forever Young

KARTONS

Ich schließe den Deckel und klebe ihn zu.
Ich schiebe den Karton ins Regal
und trete einen Schritt zurück.
Es ist ziemlich voll geworden in den letzten Jahren.
Jeder Karton steht für einen Menschen,
eine Person, die einst in meinem Leben war
und es jetzt nicht mehr ist.

Ein Karton für jeden,
der seine Spuren bei mir hinterlassen hat.
Er ist gefüllt mit Erinnerungen,
Gefühlen
und den Splittern,
die diese Person
von meiner Seele abgebrochen hat.

Ich weiß nicht, wie viele es mittlerweile sind.
Ich habe schon längst den Überblick verloren.
Es deprimiert mich, darüber nachzudenken.

Aber ich weiß, wofür jeder einzelne Karton steht.
Für jemanden, von dem ich gehofft hatte,
dass er eine größere Rolle
in meinem Leben spielen würde

und der letztlich nur,
wie alle anderen,
auf der Durchreise war.

Wie viele Kartons sind es?
50?
100?
Oder noch mehr?
Ist das überhaupt wichtig?
Ich frage mich nur,
wie lange noch Stücke von meiner Seele übrig sind,
die ich noch in einen der Kartons legen kann.
Wie lange, bis sie alle aufgebraucht sind?
Und was wird dann aus mir?
Was bleibt dann von mir?
Nur 20 Millionen kleine Splitter?

Lina Maly - Schön genug

SCHMERZ*empfinden*

Ich bin nicht so, wie ihr mich haben wollt.
Ich passe nicht in eure Vorstellungen.
Ich soll nicht so „übertreiben".
Nicht so „weinerlich" sein.
Mich nicht so „anstellen".
Aber du vergisst dabei eine Sache:
Nur weil du es dir nicht vorstellen kannst,
heißt das noch lange nicht,
dass ich mir das alles bloß einbilde.
Dass das alles nur in meinem Kopf ist.

Ich habe ein anderes Schmerzempfinden als ihr.
Mein Körper funktioniert da einfach anders als eure.
Woher nimmst du dir das Recht heraus, zu behaupten,
meine Schmerzen seien nicht echt?
Ich würde „übertreiben".
Sei bloß „empfindlich".
Eben „dramatisch".

Hast du eine Ahnung, was das mit mir macht?
Sei doch froh, dass du nicht betroffen bist.
Warum ist es dir so wichtig, mich kleinzureden?

Mir das Gefühl zu geben,
lächerlich,
oder defekt zu sein
oder noch schlimmer,
verrückt zu sein.

Denkst du, du bist der Erste,
der mir mit der Nummer kommt?
Bist du nicht.
So oft werde ich nicht ernst genommen.
Kannst du dir vorstellen, wie weh das tut?
Wie traumatisierend
und enttäuschend das ist?

Ich habe so oft an mir selbst gezweifelt.
Versucht, so zu sein,
wie alle anderen mich haben wollten.
Nichts zu sagen,
egal wie weh es tat.
„Tapfer" zu sein,
„durchzuhalten",
„die Zähne zusammenzubeißen".
Kein „Theater" zu machen.
Aber das ist auch kein Leben.

Warum muss ich mich euch anpassen?
Warum könnt ihr nicht mir entgegenkommen?

Mich ernst nehmen.
Offen sein
und einfach mal über den Tellerrand schauen?
Mein Schmerzempfinden ist nun mal anders als eures.
Könnt ihr das nicht einfach akzeptieren?

Zoe Wees – Hold me like you used to

DAS GEFÜHL *von Sicherheit*

Wann hast du dich das letzte Mal sicher gefühlt?
So richtig vollkommen sicher?
So sicher, dass du ganz genau wusstest,
dass dir nichts und niemand etwas anhaben kann?
Weißt du es noch?

Ich habe mich das letzte Mal
in meiner Kindheit so gefühlt.
Selbst als das Mobbing überhandnahm
und ich mich so unglaublich allein gefühlt habe,
wusste ich,
dass mir zu Hause nichts passiert.
Ich konnte die Tür zuschlagen und war sicher.

Aber noch früher war zu Hause dieser Ort der Unschuld.
Ich wusste nichts von all dem,
was da draußen so vor sich ging.
Ich wusste nur, dass ich sicher war.
Absolut und vollkommen sicher.
Das ist so lange her,
dass ich mich kaum noch an das Gefühl erinnern kann.

Traurig, oder?
Dass wir uns als Erwachsene
nicht mehr so fühlen können.
Natürlich können wir uns sicher fühlen,
aber eben nicht mehr so wie damals.
Nicht mehr so allumfassend.
Heute wissen wir, was alles passieren kann,
was da draußen in der Welt los ist
und wie verwundbar man ist.

Es ist faszinierend,
wie schnell jemand dir
das Gefühl der Sicherheit nehmen kann.
Wie schnell sich jedes Geräusch,
jedes Knacken,
jedes Knarzen,
wie eine Bedrohung anfühlen kann.
Und jedes Mal, wenn deine Sinne,
deine Instinkte,
Alarm schlagen, fragst du dich:
Ist das real
oder bilde ich mir das bloß ein?

Am schlimmsten ist es, wenn du dich nicht einmal mehr
in deinen eigenen vier Wänden sicher fühlen kannst.
Kannst du das nachvollziehen?
Wie schrecklich sich diese permanente Angst anfühlt?
Wie sehr man das Gefühl der Sicherheit vermisst?

Kannst du das verstehen?
Wie sich das für mich anfühlt?
Denn wenn es so ist,
erklär mir, warum du es bist,
der mir das angetan hat.
Warum nimmst du mir das Gefühl der Sicherheit?
Warum versetzt du mich permanent in Angst?
Warum lässt du mir keinen Rückzugsort?
Denkst du wirklich, dass mich das in deine Arme treibt?
Denkst du, dass ich dadurch dir gehöre?
Niemals.
Niemals.
Niemals.

Ich werde niemals dir gehören,
egal, was du auch tust.
Niemals, hörst du?
Ich hasse dich!
Ich hasse dich für das, was du mir angetan hast,
dass du mich so hilflos fühlen lässt.
Aber egal, was du mir auch wegnimmst,
eine Sache wirst du nie bekommen:
mich.

Until the Ribbon Breaks – One way or another

ZEHN *Jahre*

Es ist faszinierend,
wie sehr man sich in zehn Jahren verändern kann.
Nicht wahr?
Wie sehr ähnelst du noch der Person,
die du damals warst?
Hast du noch dieselben Wünsche und Ziele?
Dieselben Angewohnheiten?
Wie sehr hast du dich verändert?

Ich weiß noch,
vor zehn Jahren stand ich am Anfang meines Studiums.
Alles schien so klar,
so in Stein gemeißelt.
Mein Weg war schnurgerade auf mein Ziel ausgerichtet.
Ich wollte gefallen,
gute Noten schreiben
und fühlte mich wohl,
umgeben von Menschen,
deren Leben sich auch
hauptsächlich um das Studium drehte.

Aber auch in den kleinen Dingen war ich so anders.
Ich hörte immer Musik beim Lesen und Arbeiten,

etwas, das ich heute nur noch beim Schreiben kann.
Ich schrieb kaum noch,
war viel zu beschäftigt damit, mich zu beweisen.
Ich hatte noch keine Ahnung,
dass mich dieser Weg nah an einen Abgrund führen
würde.
Dass ich am Druck, den ich mir selber machte,
beinahe zerbrechen würde.

Ich komme mir selbst so fremd vor,
wenn ich an dieses Ich denke.
Ich fühlte mich so sicher damals,
habe nie nach links und rechts geschaut.
Ich war naiv.
Ich hatte keine Ahnung,
dass meine Ziele von Anfang an
zum Scheitern verurteilt waren.
Dass ich alles falsch angegangen war.
Woher hätte ich es wissen sollen?
Und niemand hat sich auch die Mühe gemacht,
mich darauf hinzuweisen.

Rückblickend bin ich dankbar für die Krise,
die mich beinahe über die Klippe geworfen hätte.
Ich bin dankbar dafür,
dass sie zu diesem Zeitpunkt kam.
So hat sich letztlich alles für mich gefügt.

Ich habe meinem Leben eine heftige Wendung verpasst,
aber gerade noch rechtzeitig.
Ich bin nicht hinuntergestürzt,
ich habe alles auf eine Karte gesetzt,
war mutig
und das war etwas,
was ich mich vor zehn Jahren
niemals getraut hätte.

Es ist faszinierend,
wie sehr man sich in zehn Jahren verändern kann.
Ich bin heute so grundlegend anders
als damals.
Ich habe meinen Weg gefunden,
das, was mich erfüllt,
was mich glücklich macht.
Ich habe alles auf eine Karte gesetzt
und gewonnen.
Ich bin mutiger geworden,
spontaner.
Ich bin nicht mehr so ängstlich.
Habe nicht mehr so große Angst, anzuecken
oder den vorgezeichneten Weg zu verlassen.
Ich arbeite viel,
aber ich habe auch einen Ausgleich für mich gefunden,
etwas, woran vor zehn Jahren nicht zu denken war.

Ich bin nicht mehr das Ich von vor zehn Jahren.
Ich bin mein heutiges Ich.
Ganz anders und doch wieder nicht.
Ich bin gewachsen in diesen Jahren.
Angekommen.
Ausgeglichen bis zu einem gewissen Grad.
Vielleicht sogar erwachsen.

Was ist mit dir?
Wie viel von deinem Ich von vor zehn Jahren
steckt heute noch in dir?
Hast du dich verändert?
Und wenn ja, bist du froh darüber?
Oder würdest du die Zeit am liebsten zurückdrehen
und andere Entscheidungen treffen?

Ian Hooper – Mama

ZWEI *Männer*

Ich hätte nie gedacht,
dass ich einmal zwischen zwei Männern stehen würde.
Ich bin nicht der Typ dafür.
Ich bin nicht abenteuerlustig
oder mutig.
Ich bin nicht die Art Frau, die Männer anzieht,
die umschwärmt wird
oder etwas in der Art.

Ich habe keine Ahnung,
wie das passiert ist.
So viele Jahre war ich allein
und jetzt plötzlich
kämpfen zwei Männer um mein Herz.

Ich habe immer gedacht,
so etwas gäbe es nur in Büchern und Filmen.
Dass es doch simpel ist,
wenn man jemanden liebt,
sieht man nur ihn.

Aber was, wenn sich zwei Männer
in dein Herz schleichen,
bevor du überhaupt merkst,
dass sie es tun.

Es klingt auch einfach:
Entscheide dich für den, den du mehr liebst!
Aber wenn du das nicht kannst?
Wenn du das nicht weißt?

Ich hätte nie gedacht,
dass ich einmal in dieser Situation sein würde.
Wie kann es sein,
dass man zwei Menschen gleich stark liebt?
Dass man sich das Leben ohne einen der beiden
einfach nicht mehr vorstellen kann?
Was soll ich tun?
Was kann ich tun?
Ich liebe sie.

Lea - Walk in your shoes

WORTE

Es ist faszinierend, findest du nicht?
Wie unterschiedlich Worte wahrgenommen werden.
Worte auf Papier
oder auch digital in einer E-Mail
oder Nachricht
kommen manchmal beim anderen ganz anders an
als gedacht.
Wir hören sie in unseren Köpfen und wissen,
wie wir sie gemeint haben.
Warum hören sie sich für den anderen
aber so ganz anders an?

Wir meinen, wir klingen aufgeräumt,
neutral.
Wie kann da der andere meinen,
wir seien zickig
oder gar wütend?
Wie kann das sein?
Wie können Worte so unterschiedlich ausgelegt werden?

Ich glaube, das hat viel mit dem zu tun,
was wir selbst der Person gegenüber empfinden.
Vielleicht ist es ursprünglich ein Missverständnis.

Dieses Missverständnis führt zum nächsten
und das zum nächsten
und so geht es weiter,
bis sich die vielen Missverständnisse
und verletzten Gefühle
zu einem Knäuel verknotet haben,
das unentwirrbar erscheint.

Warum schaffen wir es nicht,
das persönliche Gespräch zu suchen,
bevor wir uns so in Missverständnissen
und Gefühlen verheddern,
dass es kein Zurück mehr gibt?

Julien Baker – Appointments

Schwäche

Was ist es, das ich an mir habe,
dass dir und anderen andauernd vermittelt,
mich herumschubsen zu können?
Dass man auf mir, und meinen Gefühlen,
ruhig herumtrampeln kann.

Was mache ich falsch?
Sag es mir!
Liegt es daran, dass ich meine Gefühle
nicht nach außen trage?
Dass ich es euch nicht zeige, wenn ihr mir wehtut?
Dass ich alles erst herauslasse,
wenn die Tür hinter mir ins Schloss fällt?

Liegt es daran, dass mein Blatt Papier
als einziges meine Tränen sieht?
Glaubst du, ich habe keine Gefühle,
bloß weil ich dir nicht zeigen will,
dass du meine Seele gerade in
Stücke gerissen hast?
Dass ich dir die Befriedigung nicht gönnen will,
zu sehen, dass du Erfolg damit hattest,
mich zu verletzen?

Ich bin nicht kalt.
Ich bin nicht distanziert.
Ich tue nur so.
Ich tue schon so lange so,
dass es normal für mich geworden ist.
Und ganz ehrlich?
Ich bin froh darüber.
Ich will nicht,
dass mich jemand zusammenbrechen sieht.
Ich will nicht, dass es jeder sieht,
wenn ich Schwäche zeige.
Und ich hasse es, dass ich es als solche empfinde.
Dass es für mich nichts Schlimmeres gibt,
als anderen meinen Schmerz zu zeigen.

Julien Baker - Claws in your back

BOTSCHAFTEN *meiner* *Worte*

Es ist wirklich interessant, weißt du?
Schon so viele Jahre schreibe ich jetzt Gedichte
und schreibe immer frei von der Leber weg.
Ich mache mir nie ein Konzept
oder einen Plan für meine Gedichte
oder meine Gedichtbände.
Aber immer wieder machen mir meine Leser klar,
dass ich doch einen roten Faden habe
oder bestimmte Stilmittel einsetze
oder optisch bestimmte Worte hervorhebe,
ohne dass es mir selbst beim Schreiben klar wird.

Was bedeutet das?
Für mich – vor allem,
dass Worte etwas Wunderbares sind.
Keine zwei Menschen
lesen meine Gedichte auf die gleiche Art und Weise.
Sie haben alle ihre unterschiedlichen Hintergründe,
Erfahrungen,
Erinnerungen
und Gefühle.
Ähnlich ist es, glaube ich, mit den Stilmitteln.

Nicht jeder sieht alle
und auch ich nutze sie ja unbewusst.
Ich frage mich,
wie oft sich wohl derlei Dinge in Texten verstecken,
ohne dass es uns bewusst wird.
Und wenn sie uns ins Auge fallen,
was bedeutet das für uns als Leser?

Freuen wir uns darüber?
Weil sie sich wie Insiderbotschaften
des Autors an uns anfühlen
oder stören sie uns, weil wir uns manipuliert fühlen?
Ich freue mich jedes Mal,
wenn mich jemand darauf anspricht,
dass er oder sie so etwas in einem meiner Gedichte
gefunden hat.
Mir kommen sie manchmal wie lebendige Wesen vor
und solche Funde wirken auf mich,
als winke mir das Gedicht freundlich zu
und wolle mich damit überraschen.

Ist das merkwürdig?
Selbst wenn,
vielleicht ist die Beziehung eines Schreibenden
zu den Worten,
die aus seinen Fingern fließen, einfach ‚merkwürdig'.
Wer kann das beurteilen?

Ich jedenfalls freue mich
über die kleinen Botschaften meiner Gedichte.
Und du?

Matt Berninger – One more second

ETIKETT

„Du bist Feministin!"
„Du bist Aktivistin!"
„Du bist die Schlaue!"
„Du bist die Partymaus!"
„Du bist die Schüchterne!"
„Du bist die Laute!"
„Du bist die Hübsche!"
„Du bist die Dicke!"
Warum ist es so wichtig für uns,
Menschen Etiketten zu verpassen?
Jeder bekommt ein Label verpasst,
ob er will oder nicht,
ob er sich so bezeichnet sehen will
oder ihn oder sie das verletzt,
ist egal.
Denjenigen zu etikettieren ist wichtiger.
Ohne Rücksicht auf Verluste.

Kennst du den Film „Breakfast Club"?
Da lehnt sich eine Gruppe Jugendlicher
gegen diese Art,
Menschen in Schubladen zu stecken, auf.
Und heute, 30 Jahre später,
haben wir noch immer nichts dazugelernt.

Warum kann ich nur eines dieser Dinge sein?
Warum kann ich nicht laut
und schlau
und hübsch
und dick sein?
Warum bestimmst du darüber,
ob ich eine Feministin bin
und nicht ich selbst?
Ist es nicht meine Entscheidung,
ob ich mich so nennen will?
Und vor allem dann,
wenn du mit der Bezeichnung
etwas anderes ausdrücken willst,
als eigentlich gemeint ist.

Du nennst mich Feministin
und meinst dabei nicht,
dass ich mich dafür einsetze,
dass Frauen ihren eigenen Wert erkennen,
dass sie die Rollenbilder vergangener Zeiten
hinterfragen
und hinter sich lassen,
wenn es das ist, was sie wollen.
Was ich mir wünsche, ist,
dass jede Frau eine Wahl hat,
zu entscheiden,
wie ihr Leben aussehen soll
und zwar ganz unabhängig davon,

ob sie davon träumt, Karriere zu machen,
Managerin zu werden
oder Hausfrau und Mutter.
Ich sage:
Niemand hat das Recht einem anderen vorzuschreiben,
was er oder sie sich zu wünschen hat,
zu wollen hat,
zu träumen hat.

Redest du von Feminismus,
beziehst du dich auf Dinge, die dich stören.
Du nennst mich nicht Feministin,
weil ich mir von dir nicht sagen lassen will,
wer ich zu sein habe.
Du nennst mich Feministin,
weil ich Single bin und das auch bleiben will
und das nicht in dein Weltbild passt.
Weil in deinen Augen alle Feministinnen
die Frauen sind,
die „keiner haben wollte",
die „übrig geblieben" sind
und die deswegen Männer hassen.

Ich hasse niemanden.
Nicht dich,
nicht Männer im Allgemeinen,
nicht mal die, die mich hassen.

Aber das heißt nicht,
dass ich alles hinnehmen muss,
was du mir an den Kopf wirfst.

Also los.
Verpass mir so viele Etiketten, wie du willst.
Es ist mir egal.
Ich definiere mich nicht über deine Meinung von mir.
Und ich weigere mich, mich davon verletzen zu lassen.
Ich weiß, wer ich bin
und wofür ich stehe.
Kannst du dasselbe von dir behaupten?
Ich brauche dein Etikett nicht,
aber du vielleicht.

Verve Pipe – The Freshman

LIEBES *Schwarzes Loch*

Liebes Schwarzes Loch,
ich weiß, auch du hast deine Daseinsberechtigung.
Es gibt bestimmt einen wichtigen Grund,
warum du bestimmte Sachen versteckst
und irgendwann ganz plötzlich
ganz woanders wieder ausspuckst.
Aber manchmal weiß ich wirklich nicht,
ob du gemein
oder witzig bist.

Liebes Schwarzes Loch,
warum entführst du meinen Lieblingsstift
und gibst mir einen Gummiball,
den ich noch nie gesehen habe?
Bist du da vielleicht durcheinandergekommen?
Hast du die Adressaufkleber vertauscht?

Liebes Schwarzes Loch,
ich wüsste echt gern,
warum du dir ausgerechnet diese Dinge ausgesucht hast.
Warum lässt du mich stunden-, tage- und manchmal
wochenlang suchen,
bevor du dich erbarmst

und mir die Sachen zurückgibst?
Und warum behältst du andere über Jahre?
Ärgerst du mich einfach gern?

Liebes Schwarzes Loch,
hörst du mir zu?
Ich möchte meine Sachen wieder haben!
Können wir nicht eine Art Austausch vereinbaren?
Ich gebe dir etwas
und dafür kriege ich etwas anderes wieder?

Liebes Schwarzes Loch,
es gibt bestimmt einen Grund, warum es dich gibt,
aber manchmal treibst du mich wirklich
zur Verzweiflung.
Ach und nur fürs Protokoll:
Ich will mein Notizbuch zurück!

Liebes Schwarzes Loch,
Ich seh's ja ein,
du hast gewonnen.
Ich kapituliere.
Aber bitte sei so lieb
und gib mir meine Sachen bald wieder.
Mir und nicht irgendjemand anderem.
Den Gummistopfen kannst du dir jederzeit abholen.

Ava Max - Sweet but Psycho

DIE MEINUNG *anderer*

Ich weiß, ich mache mich viel zu sehr abhängig
vom Urteil anderer.
Ich finde etwas gut, aber traue meiner Meinung nicht.
Erst wenn mir ein anderer sagt,
dass er oder sie es auch gut findet,
kann ich mich entspannen und darauf vertrauen,
dass es wirklich gut ist.

Ähnlich ergeht es mir auch mit Dingen,
die mich betreffen.
Ich denke mir manchmal: Das hast du gut gemacht!
Im Job oder privat,
aber erst, wenn mir ein anderer sagt,
dass er der gleichen Meinung ist,
oder mich gar von sich aus lobt,
kann ich glauben,
dass ich das tatsächlich gut gemacht habe.

Ich weiß, dass das falsch ist.
Dass ich mich nicht von der Meinung anderer
abhängig machen sollte.
Ich weiß aber auch nicht, wie ich das abstellen soll.
Ich bin einfach so unbeschreiblich unsicher.

Viel zu tief sind ihre Worte in meine Seele gesickert,
die Worte,
die mir immer und immer wieder
mein Selbstvertrauen geraubt haben.
Ich kann sie nicht abschütteln,
egal wie sehr ich es versuche.

Deshalb trifft es mich auch jedes Mal wieder so hart,
wenn jemand meine Kompetenzen anzweifelt
und mir das Gefühl vermittelt,
mangelhaft zu sein,
dumm zu sein,
unfähig,
klein.

Es trifft mich härter, als die meisten anderen,
weil ich einfach von Hause aus schon so unsicher bin.
Ich denke automatisch: Der andere hat recht.
Ich hinterfrage auf einmal alles,
absolut alles
und muss heftig gegen eine Überreaktion ankämpfen.
Denn ein Teil von mir
möchte dann am liebsten hinschmeißen,
sich verkriechen,
in einer Höhle,
versteckt vor der Welt.

Wenn ich verletzt werde, ziehe ich mich zurück.
Das war schon immer so.
Ich mache mich klein,
ziehe mir die Decke über den Kopf
und versuche, zu verschwinden,
aus Angst,
durch den nächsten Schlag endgültig zu zerbrechen.

Ich hasse es, dass ich so reagiere.
Ich hasse es, dass mein Instinkt dafür sorgt,
dass ich mich ducken will.
Ich wäre so gern eine Kämpferin.
Ich würde mich so gern für mich selbst einsetzen,
Paroli bieten.
Aber ich kann es nicht.

Mir wird gerade klar,
dass ich wirklich so viele Jahre
im Überlebensmodus verbracht habe.
Dass ich dem Frieden nie getraut
und mich nie wirklich entspannt habe.
Warum wird mir das jetzt erst klar?
Wie kann das sein?

Ich will so nicht leben.
Ich will nicht ständig fluchtbereit sein.
Ich will mich zurücklehnen,
auf meine Fähigkeiten vertrauen

und mich nicht ständig verunsichern lassen.
Warum kann ich solche Kommentare
nicht an mir abprallen lassen?
Warum kann ich sie nicht ignorieren?
Oder abhaken?
Warum lasse ich sie rein?
Warum lasse ich zu,
dass sie mir jedes Mal
den Boden unter den Füßen wegziehen?
Warum kann ich nicht stark sein?

Ich will mich nicht von der Meinung anderer
abhängig machen.
Ich will mich nicht ständig verunsichern lassen.
Ich will nicht immer Angst haben.
Ich will nicht so weitermachen wie bisher.
Aber ich weiß nicht, wie ich das ändern kann.
Aber ich will auch niemanden fragen,
ich will es selbst schaffen,
ausnahmsweise.

Ich werde einen Weg finden.
Ich muss.
Denn so kann es nicht weitergehen.
Ich will nicht mehr abhängig sein
von der Meinung anderer.
Ich will, dass für mich ab heute
nur noch meine Meinung zählt.

Ich will Selbstbewusster werden.
Ich will Selbstsicherer werden.
Ich finde einen Weg.
Ich habe keine andere Wahl.
Ich werde, weil ich muss.

Juli – Regen und Meer

BESONDERS

Du bist besonders.
Weißt du das eigentlich?
Du bist besonders!
Bitte glaub es mir.
Es gibt niemanden, der so ist wie du.
Egal wie kitschig das auch klingen mag.
Aber du bist gut, so wie du bist.

Ich weiß, es ist so viel leichter,
den negativen Stimmen zu glauben,
den dunklen Gedanken Raum zu geben,
immer nur das zu sehen,
was an dir angeblich nicht stimmt.

Warum stellen wir uns immer vor den Spiegel
und sehen nur das, was uns oder andere stört?
Die Narbe, die nicht schön ist,
die Polster hier oder dort,
die Sommersprossen, die zu viele oder zu groß sind.
Warum stellen wir uns nie vor den Spiegel
und sagen uns, was uns gefällt?

Warum wird uns immer eingeimpft,
dass wir uns optimieren müssen?
Sieht denn niemand,
was das für Folgen hat?
Zeig mir eine Frau,
die nicht irgendetwas an sich kritisiert.
Zeig mir eine Frau,
die lächelt, wenn sie in den Spiegel sieht.
Zeig mir eine Frau,
die nicht immer diese Stimmen im Kopf hat,
die ununterbrochen kritisieren.

Ich finde dich schön, so wie du bist.
Selbst wenn dein Lächeln traurig ist,
bist du so hübsch.
Warum kannst du das nicht auch sehen?
Und warum glaubst du mir nicht,
wenn ich es dir sage?

Hast du dir schon einmal
deinen Fingerabdruck genauer angesehen?
So viele Linien und Wirbel,
Ihre Zusammensetzung ist einzigartig auf der Welt.
Warum versuchst du dann alles andere an dir,
der gängigen Mode,
dem Schönheitsideal anzupassen?
Kann nicht auch der Rest von dir einzigartig sein?

Du bist besonders,
egal, was du trägst.
Du bist besonders,
egal, ob deine Figur irgendeinem Ideal entspricht.
Du bist besonders,
ob du es siehst oder nicht.
Du bist besonders,
bitte glaub es mir endlich,
und noch viel wichtiger:
Fang an, es selbst zu glauben.

Juli - Sterne

Mehr

Du sagst, ich soll dankbar dafür sein,
dass du überhaupt Interesse an mir zeigst.
Du sagst, ich soll aufhören,
Ansprüche an dich zu stellen,
du könntest jederzeit etwas Besseres finden.
Du sagst, ich habe kein Recht,
von dir Treue zu erwarten,
solange ich nicht 30 Kilo abnehme.
Du sagst, ich soll einsehen,
dass ich keinen anderen finden werde,
der sich mit mir zufriedengibt.

Hörst du dir eigentlich auch mal selbst zu?
Ich bin dick,
aber das bedeutet nicht,
dass ich wertlos bin.
Das bedeutet nicht,
dass du mich wie Dreck behandeln kannst.
Das bedeutet nicht,
dass ich mir deinen Mist gefallen lassen muss.

Das bedeutet nicht,

dass ich dich nicht rauswerfen kann.

Und das bedeutet erst recht nicht,

dass alle Männer da draußen so denken wie du.

Ich will dich nicht.

Ich brauche dich nicht.

Es stimmt,

ich habe irgendwann einmal mehr in dir gesehen,

aber das ist schon ewig her.

Das war, bevor du mir gezeigt hast,

wer du wirklich bist.

Was du wirklich über mich denkst.

Ich brauche niemanden in meinem Leben,

der mir das Gefühl gibt,

eine Zumutung zu sein.

Ich brauche niemanden in meinem Leben,

der mir das Gefühl gibt,

hässlich zu sein,

abstoßend,

widerlich.

Wenn ich mich so fühlen will,

kann ich auch einfach in einen Klamottenladen gehen

oder in einem Schnellrestaurant etwas essen

oder in ein Schwimmbad gehen.

Da bekomme ich diesen Hass zur Genüge zu spüren,

das brauche ich nicht auch noch zu Hause.

Du glaubst,

ich wäre eine sichere Bank.

Die eine Frau,

die sich alles von dir bieten lässt,

weil ich dick

und dadurch automatisch verzweifelt bin.

Du glaubst,

ich würde dich immer wieder aufnehmen,

wenn du mich für eine Dünnere verlässt.

Du glaubst,

ich würde dich mit allem durchkommen lassen,

weil ich so bedürftig nach Zuneigung bin,

dass ich alles hinnehme.

Tja, du liegst falsch.

Ich bin dick

und mein Selbstbewusstsein mag nicht das Größte sein,

aber deswegen lasse ich mir nicht gleich alles gefallen.

Ich hoffe nur, die Nächste, bei der du es versuchst,

ist genauso klug wie ich,

und glaubt dir diesen Mist genauso wenig.

Für Männer wie dich habe ich nur Verachtung übrig.

Wer will schon einen Mann,

der pausenlos an einem herummeckert?

Der jede Mahlzeit kommentiert,

dir vorschreiben will,

was du tragen sollst,

um dein Fett zu kaschieren,

damit er sich nicht schämen muss,

wenn die Leute sehen, dass er mit dir unterwegs ist.

Wer will so eine Art Mann?

Ich jedenfalls nicht.

Ich verdiene mehr als das.

Jede Frau tut das.

Lewis Capaldi - Headspace

LIEBE

Liebe ist leidenschaftlich.
Liebe ist manchmal wild.
Liebe ist frei.
Liebe ist überall.
Liebe ist, was uns am Leben hält.

Liebe kann manchmal weh tun.
Liebe kann einem das Herz brechen.
Liebe kann einen verzweifeln lassen.
Liebe kann einen weitermachen lassen.
Liebe kann Leben retten.

Liebe soll alle Probleme lösen.
Liebe soll unser aller Ziel sein.
Liebe soll bedingungslos sein.
Liebe soll uns unsterblich machen.
Liebe soll uns ein gutes Gefühl geben.

Liebe hat nichts mit Zwang zu tun.
Liebe hat nichts mit Gewalt zu tun.
Liebe hat nichts mit Schimpfworten zu tun.
Liebe hat nichts mit Brutalität zu tun.
Liebe hat nichts mit Angst zu tun.

Lewis Capaldi – Hold me while you wait

Lächeln

Ich weiß,
wie erdrückend dunkle Tage sein können.
Ich weiß,
dass manchmal alles
einfach zu überwältigend erscheint.
Dass die Schwärze so undurchdringlich wirkt,
dass man sich gar nicht mehr erinnern kann,
wie Licht überhaupt aussieht.

Und ich weiß,
dass es für dich noch viel schlimmer ist,
als es für mich je gewesen ist.
Ich habe meine Worte.
Ich kann mich darauf verlassen,
dass sie irgendwann kommen
und Löcher in die Dunkelheit reißen,
damit das Licht wieder zu mir durchdringen kann.
Ich weiß, dass sie mich retten werden.
Aber du hast diese Gewissheit nicht.
Du hast diese Worte nicht.
Du kämpfst deinen Kampf allein.

Ich weiß,
wie schwer es dir manchmal fällt,
überhaupt aufzustehen,
aus dem Bett zu kommen
und die Vorhänge aufzuziehen.
In den Tag zu starten,
obwohl er für dich so wenig Erfreuliches bereithält
und über allem dieser dunkle Schleier liegt.

Ich weiß,
wie sehr auch du auf Rettung hoffst,
auf jemanden, der den Schleier für dich wegreißt,
der wieder Licht in dein Leben bringt
und deine Dämonen verjagt.
Und ich weiß auch,
dass du diese Hoffnung schon beinahe aufgegeben hast.

Ich weiß,
wie schwer es für dich ist,
weiterzumachen.
Wie groß die Versuchung ist,
aufzugeben.
Und ich bewundere dich dafür,
dass du trotz allem nicht aufhörst zu kämpfen.

Manchmal gibt es kleine Lichtblicke.
Kleine Augenblicke,
in denen die Last nicht ganz so schwer zu sein scheint.

Kleine Momente,
in denen du mich an dich erinnerst,
wie du vorher warst.

Wenn du lächelst, kann ich sehen,
wie ungewohnt das mittlerweile für dich geworden ist.
Wie zittrig dieses Lächeln ist,
weil du dir nicht mehr sicher zu sein scheinst,
wie Lächeln überhaupt geht.
Aber vergiss nicht:
Jedes Lächeln ist ein kleiner Sieg!

Jedes Lächeln ist ein Meilenstein.
Denn ganz ehrlich:
Hättest du es heute Morgen für möglich gehalten,
dass du an diesem Tag lächeln würdest?
Dass dieses Gewicht,
das dich zu erdrücken scheint,
lange genug von deinen Schultern verschwinden würde,
um ein Lächeln zuzulassen?
Jedes Lächeln ist der Beweis dafür,
dass es Hoffnung gibt,
dass du immer noch da bist,
dass du vielleicht doch den Kampf gewinnst.
Jedes Lächeln ist ein kleiner Sieg,
vergiss das bitte nie.

Lauren Daigle - Rescue

MEIN *misstrauisches Herz*

Ich verbringe einen Großteil meiner Zeit mit Warten,
weißt du?
Ich warte noch immer darauf,
dass dir eines Tages klar wird,
dass du mich eigentlich gar nicht willst.
Dass ich dir nicht hübsch genug bin
oder klug genug.
Dass mein Job dir nicht anspruchsvoll
oder rentabel genug ist.
Dass ich einfach nicht gut genug bin.
Nicht schlank genug,
nicht gesellig genug,
einfach nicht das,
was du willst.

Ich weiß, es ist blöd,
meiner Unsicherheit so nachzugeben.
Immer wieder dieselben Gedanken zu wälzen,
mich ständig zu sorgen und dir zu misstrauen.
Denn das ist es, wenn ich ehrlich bin,
ich traue dir nicht.
Ich traue deiner Liebe,
deinen Gefühlen für mich nicht.

Es liegt nicht einmal an dir.
Du gibst mir keinen Grund zu zweifeln.
Ich bin es.
Ich und die Tatsache,
dass sich nie jemand letztlich dafür entschieden hat,
dass ich genug bin.

Es lief jedes Mal gleich ab,
ich dachte, alles wäre okay,
aber das war es nicht.
Ich fühlte mich sicher
und plötzlich
wurde mir der Boden unter den Füßen weggerissen.

Auf einmal war ich nicht mehr gut genug.
Auf einmal war mein Bauch zu dick,
meine Oberschenkel zu breit,
mein Hintern zu groß,
meine Brust zu üppig.
Mein Job war nicht mehr anspruchsvoll genug,
ich als Freiberuflerin
wurde praktisch als Schmarotzerin dargestellt.

Ich weiß, dass diese Gründe vorgeschoben waren,
aber das logisch zu wissen ist das eine,
es zu fühlen, etwas ganz anderes.
Die Zweifel haben sich in mein Herz eingegraben
und weigern sich, zu verschwinden.

Ich habe mich nie aushalten lassen.
Ich habe schon in meiner Jugend gelernt,
mich in finanziellen Dingen
niemals auf jemand anderen zu verlassen.
Trotzdem taten diese Vorwürfe unbeschreiblich weh.
Ich fühlte mich verraten.

Diese vielen Enttäuschungen haben dafür gesorgt,
dass mir die Fähigkeit
abhandengekommen zu sein scheint,
mich in einer Beziehung wirklich fallen zu lassen.
Ich bin immer angespannt,
warte darauf,
dass ich wieder einfach abgelegt werde,
wie ein alter Mantel,
der nicht mehr richtig passt.

Es tut mir leid, dass ich so verkorkst bin.
Und es tut mir leid, dass du das Gefühl hast,
dass ich dir nicht vertraue.
Vielleicht lerne ich es mit der Zeit.
Vielleicht bekomme ich mein misstrauisches Herz dazu,
die Zweifel
und Ängste
endlich hinter mir zu lassen.
Vielleicht verstehe ich irgendwann,
auf allen Ebenen meines Selbst,
dass du wirklich anders bist.

Nur bitte,
bitte,
bitte sei anders.
Ich weiß nicht,
ob ich noch eine Enttäuschung verkraften kann.

Julien Baker - Shadowboxing

EINSAMKEIT

Ich hasse es,
so empfänglich für negative Gefühle zu sein.
Meist reicht eine Kleinigkeit,
manchmal sogar etwas,
das eigentlich unwichtig ist,
dem ich aber aus irgendeinem Grund
eine Bedeutung beimesse,
und schon fühle ich mich zurückgesetzt.

Kennst du das, wenn etwas passiert
und dir sofort ein eiskalter Schauer
den Rücken runter läuft?
Wenn du merkst, wie du blass wirst
und alles in dir „Nein" schreit,
weil du nicht wahrhaben willst,
dass das gerade wirklich passiert ist?
So fühle ich mich jedes Mal,
bevor ich wieder in die Tiefe
meiner negativen Gefühle abtauche.

Und ich hasse mich wirklich dafür,
so zu empfinden.
Ich erwarte mehr von mir.
Ich bin erwachsen!

Warum geht mir so etwas noch immer so nah?
Warum bin ich so emotional und vor allem
so verletzlich?

Ein Satz.
Ein Unterton.
Funkstille.
Ein „Entfolgen" auf Social Media,
das man zufällig entdeckt
und das einem das Herz bricht,
weil man sich plötzlich so abgeschrieben fühlt
und eigentlich noch Hoffnung hatte,
dass die Beziehung, die einst so innig war
und ohne Vorwarnung abgekühlt ist,
noch zu retten sein könnte,
und etwas so Simples
wie ein „Entfolgen" auf Social Media,
macht dir klar,
dass du die Einzige warst,
die so gedacht hat.

Du hast vielleicht noch gedacht,
eure Beziehung retten zu können,
aber die andere Person hat dich längst abgehakt.
Ich hasse es, dass es mich so trifft.
Dass ich mich so verletzt fühle
und mir das das Gefühl gibt, wertlos zu sein.

Ich glaube, das liegt daran,
dass mich die Einsamkeit nie wirklich verlassen hat,
seit ich elf Jahre alt war,
und niemand
zu meiner Geburtstagsparty gekommen ist.
Spätestens seit diesem Tag weiß ich,
dass ich lernen muss,
mir selbst genug zu sein.
Wenn ich damals schon niemandem genug wert war,
um wenigstens abzusagen,
wenn sie nicht kommen wollten,
warum sollte es heute anders sein?
Warum erwarte ich mehr?
Warum versuche ich, Anschluss zu finden
und die Einsamkeit hinter mir zu lassen,
wenn sie mich doch immer wieder einholt?
Wenn ich doch am Ende wieder
allein in meinem Zimmer sitze,
umgeben von Büchern,
die mir eine Flucht in eine Welt erlauben,
in der es Freunde gibt.

Julien Baker - Turn out the lights

Lina Maly - Schön genug

WER *bist du?*

Es ist erschreckend, nicht wahr?
Wenn einem plötzlich klar wird,
dass man gar nicht weiß, wer man ist.
Dein ganzes Leben lang warst du
jemandes Tochter,
jemandes Schwester,
jemandes Freundin,
jemandes Ehefrau,
jemandes Mutter.
Aber wenn man all das außen vor lässt:
Wer bist du?

Wer bist du,
wenn du mal nicht gerade
x Sachen für andere erledigst?
Wenn du nicht eine Funktion
für jemanden erfüllen musst?
Wer bist du,
wenn nichts zu tun ist
und ausnahmsweise einmal
niemand etwas von dir will
oder Forderungen an dich stellt?
Wer bist du dann?

Weißt du es überhaupt noch?
Oder bist du es so sehr gewohnt,
die Ansprüche und Bedürfnisse anderer zu erfüllen,
dass du es vergessen hast?
Weißt du noch,
was du früher gern für dich selbst getan hast?
Weißt du noch,
welche Kleidung du mochtest,
bevor sie zu deiner Rolle passen musste?
Welche Musik du gern gehört hast?
Welche Bücher du gelesen hast?
Wie lange ist es her,
seit du das letzte Mal wirklich Zeit hattest zu lesen?
Wann hast du das letzte Mal ausgeschlafen,
ohne schlechtes Gewissen?
Wann war deine To-Do-Liste zuletzt einmal
nur voll mit Dingen,
die ausschließlich dich betrafen
oder sogar leer?
Weißt du es noch?

Meinst du nicht, du hättest ein Recht darauf,
zu wissen,
wer du ohne diese ganzen Etiketten bist?
Willst du es herausfinden?

Wonderwall - Who am I

Es *wird besser*

Es gibt Tage, da ist alles,
was dich noch aufrecht hält,
dieser eine kurze Satz,
drei kleine Worte,
ein Versprechen,
vielleicht auch eine Lüge,
aber trotzdem sind sie es,
die wir hören wollen,
hören müssen:
Es wird besser.

Wir wünschen uns, dass sie wahr sind,
diese Worte.
Wir wünschen es uns mehr als alles andere.
Sie müssen einfach wahr sein,
wenn alles ausweglos erscheint,
dieser Berg an Arbeit zu groß
und die Dunkelheit zu übermächtig wirkt.
Es wird besser.

Wird es das?
Wird es das wirklich?
Und wenn ja, für wie lange?

Wie lange wird es besser,
bis es wieder schlechter wird?
Denn wir wissen alle,
dass das nicht ewig so weitergehen kann.
Es wird besser.

Wenn wir ehrlich sind,
ist uns selbst klar,
dass dunkle Zeiten zum Leben dazugehören.
Es wäre manchmal nur schön,
wenn sie nicht ganz so lang andauernd würden.
Wenn sich dieses berühmte
‚Licht am Ende des Tunnels‘,
etwas häufiger blicken lassen würde.
Es wird besser.

Ja, es wird besser.
Irgendwann.
Aber bis es so weit ist,
müssen wir irgendwie durchhalten.
Und so schleppen wir uns von Tag zu Tag,
weiter und weiter.
Mobilisieren die letzten Kräfte,
immer mit diesem Versprechen,
diesem Ziel vor Augen:
Es wird besser.

Ich hoffe nur, dass das auch stimmt.
Dass es wirklich besser wird.
Es wird besser.
Es wird besser.
Es wird besser.

Echt – Junimond

KOMPLIMENTE

Komplimente sind eine tolle Sache, nicht wahr?
Ein paar wenige Worte haben die Macht,
uns ein richtig gutes Gefühl zu geben.
Jeder liebt doch Komplimente, oder nicht?
Auch ich finde sie toll.
Mein Problem ist nur:
Ich glaube sie nicht.

Komplimente werfen mich immer aus der Bahn.
Vielleicht bin ich sie einfach nicht gewohnt.
Aber jedes Mal, wenn ich ein Kompliment bekomme,
ist mein erster Gedanke:
„Das kann er oder sie nicht ernst meinen."
Instinktiv halte ich es für unmöglich,
dass die Worte wahr sind
und vielleicht sogar von Herzen kommen.

Es ist egal, ob sich ein Kompliment auf mein Äußeres,
meine Arbeit,
oder irgendeine Fähigkeit bezieht,
ich glaube sie einfach nicht.
Irgendetwas in mir schafft es nicht,
die Worte einfach zu akzeptieren und dankbar zu sein.

Ich vermute, meine Meinung von mir selbst
ist eher mittelmäßig.
Wenn mir jemand sagt:
„Du bist so nett!",
fallen mir nur x Momente ein,
in denen ich egoistisch war
oder nicht selbstlos
oder nett genug.
Je mehr nette Dinge man mir sagt,
desto schlechter ist meine Meinung von mir selbst.

Ich weiß, dass das nicht gesund ist
und ich weiß auch,
dass das nichts mehr mit Bescheidenheit zu tun hat.
Ich weiß nicht, woher das kommt,
aber ich weiß, dass ich etwas daran ändern muss.
Auch wenn ich anderen natürlich nicht rund um die Uhr
all meine negativen Seiten zeige,
die es ohne Frage gibt,
so wie bei jedem anderen auch,
ich bin kein „schlechter" oder „böser" Mensch.
Und wenn ich doch ab und an
mal ein Kompliment bekomme,
dann bedeutet das nicht,
dass ich „gut geschauspielert" habe,
wie diese Stimme in meinem Kopf behauptet,

sondern vielleicht einfach,
dass es wirklich Dinge an mir gibt,
die tatsächlich ein Kompliment verdienen.

Ich will mich nicht mehr so negativ sehen.
Ich will lernen,
Komplimente anzunehmen,
sie fühlen
und einfach das gute Gefühl genießen,
das sie mir geben sollen.
Ich verdiene Komplimente.
Jeder tut das.
Jetzt muss ich es nur noch glauben.

Dixie Chicks – Easy Silence

SCHWARZE *Tinte*

Ich sitze hier im Dunkeln
und ich fühle mich mal wieder wie der letzte Mensch.
Allein auf einer unbewohnten Insel,
mitten im Meer.
Schmerz hat diese Wirkung, wusstest du das?
Er sorgt dafür, dass wir uns isoliert fühlen.
Bei mir sorgt er vor allem dafür,
dass ich mich verstecken will.
Ich möchte mir die Decke über den Kopf ziehen,
das Telefon ausschalten,
die Klingel abdrehen
und einfach die ganze Welt vergessen.

Ich kenne das schon,
diese dunklen Tage.
Ich habe sie öfter.
Aber heute ist es besonders schlimm.
Die Dunkelheit will mir einreden,
dass ich wirklich ganz allein bin.
Dass ich für immer allein sein werde.
Dass ich nie eine eigene Familie haben werde,
einen Partner,
vielleicht sogar Kinder,

sondern dass ich für immer
mit diesem Gefühl geschlagen sein werde,
in einer Wartehalle zu stehen,
ohne jemals aufgerufen zu werden.

Die Gedanken türmen sich immer weiter auf,
umzingeln mich.
Ich will endlich das Gefühl haben,
angekommen zu sein,
Wurzeln geschlagen zu haben.
Wirklich ich zu sein und das Leben zu leben,
das ich immer haben wollte.
Aber werde ich das jemals haben?
Oder bin ich eine von denen,
die für immer single sein werden?
Eine Verlorene unter Verlorenen
einer Generation,
die scheinbar zu einem großen Teil
in dieser Wartehalle feststeckt.

Die negativen Gedanken werden düsterer und düsterer.
Sie haben Blut geleckt.
Sie wissen, dass sie bereits Wunden gerissen haben
und wollen jetzt ihre Beute erledigen.
Und diese Beute, die bin ich.
Ich will ihnen nicht nachgeben.
Ich will ihnen nicht glauben,
dass sich niemals etwas ändern wird.

Und so kämpfe ich mich durch die Nacht.
Ich rolle mich so klein zusammen, wie ich kann,
versuche ihnen keine Angriffsfläche zu bieten.
Und da spüre ich sie,
die Worte.

Sie bringen meine Finger dazu, sich zu bewegen,
meinen Stift dazu, über das Papier zu fliegen.
Ich kann dabei zusehen,
wie die Schwärze auf der Seite
immer mehr Raum einnimmt,
wie sie sie mit Worten füllt
und dabei die Dunkelheit in mir als Tinte nutzt.
Mit jedem Buchstaben
wird die Last meiner Seele geringer.

Meine Hand huscht über das Papier,
immer schneller und schneller,
kommt kaum hinterher, um alles aufzuschreiben.
Ich blute schwarze Tinte,
die zu Worten wird,
die zu einem Gedicht werden.
Ich weiß nicht, wie es zustande kommt,
ich sehe die einzelnen Buchstaben,
aber ich kann sie nicht zu Worten zusammensetzen.
Ein Teil von mir wehrt sich dagegen
und ausnahmsweise gebe ich nach.

Ich strenge mich nicht mehr an,
das Geschriebene zu entziffern.
Es geht nicht darum,
dass ich weiß, was da steht.
Es geht darum,
dass die Schwärze beinahe ganz verschwunden ist.
Das ist das Einzige, das zählt.
Das Einzige, das je für mich zählen wird.

Ich habe die Nacht überstanden.
Die Dunkelheit hat nicht gewonnen.
Also auf ein Neues,
bis es wieder so weit ist.
Wie lang wird es wohl dieses Mal dauern?
Ist das überhaupt wichtig?

Silbermond – Durch die Nacht

KINDER

Jeder erwartet von mir,
dass ich einen Mann und Kinder will.
Dass meine biologische Uhr tickt.
Aber ganz ehrlich?
Ich weiß nicht, ob ich Kinder will.
Ich spüre dieses Verlangen nicht,
von dem andere gesprochen haben.
Warum macht mich das in euren Augen
zu einem Monster?

Warum bin ich als Frau weniger wert,
nur weil ich mir keine Kinder vorstellen kann?
Wer gibt euch das Recht, über mich zu urteilen?

Ich sage ja nicht, dass ich Kinder hasse,
nur, dass ich mir aktuell nicht vorstellen kann,
welche zu haben.
Zu meiner Wunschvorstellung eines „perfekten Lebens"
gehören sie nicht dazu.
Ich sehe mich nicht als Mutter.
Ich sehne mich ab und an
nach einem Partner, das schon,
aber nicht nach Kindern.

Warum wird das immer vorausgesetzt?
Warum endet beinahe jeder Liebesroman
mit Ehe und Schwangerschaft?
Bin ich keine „richtige" Frau,
nur weil ich mir das für mich nicht vorstellen kann?

Was gibt euch das Recht, mir das Gefühl zu geben,
defekt zu sein,
nur weil ich mir meine Zukunft anders vorstelle?
Weil ich andere Wünsche und Träume habe?
Weil ich nicht euren Erwartungen entspreche?
Ich dachte wirklich,
2021 könnte jeder sein Leben gestalten,
wie er oder sie will.
Aber anscheinend gilt das nur,
wenn man auch einen Kinderwunsch hat.

Maisy Stella – Come and find me

SELBSTVERTRAUEN *in Flaschen*

Ich wünschte,
man könnte Selbstvertrauen in Flaschen abfüllen.
Dann könnte ich jedes Mal
einen großen Schluck nehmen,
wenn ich mich mal wieder unzulänglich fühle.

Könnte man Selbstzweifel in Flaschen abfüllen
und verkaufen,
wäre ich Millionärin.
Davon habe ich nämlich einen unerschöpflichen Vorrat.

Ich wünschte, ich wüsste,
warum ich immer so unsicher bin.
In einem Moment ist noch alles okay
und im nächsten würde ich am liebsten alles hinwerfen,
alle Zelte abbrechen
und mich irgendwo verstecken,
damit nur ja niemand irgendetwas von mir wollen
oder erwarten kann.

Ich habe so große Angst zu versagen,
eine Hochstaplerin
und einfach nicht gut genug zu sein,

egal in welchem Bereich,
dass ich mich nicht mehr daran erinnern kann,
wann ich mich das letzte Mal
vollkommen entspannen konnte.

Warum schaffe ich es nicht,
diese Selbstzweifel abzulegen?
Warum habe ich immer das Gefühl,
all meine Antworten auf ihre Fragen sind unzulänglich?
Warum scheinen alle anderen
immer alles zu wissen
und alles zu können,
wo ich doch in meinen Augen nichts kann
und nichts weiß,
jedenfalls nicht genug.

Ich brauche dringend eine Flasche voll Selbstvertrauen.
Wie würde wohl mein Leben aussehen,
könnte ich jeden Tag einen Schluck daraus trinken,
oder zwei?
Wie fühlt es sich an,
selbstbewusst durchs Leben zu gehen?
Anstatt ständig an sich zu zweifeln?
Sich andauernd unterlegen zu fühlen?

Ich wünschte wirklich,
es gäbe Selbstvertrauen in Flaschen.
Wie fühlt es sich wohl an,

nicht ständig das Gefühl zu haben,
alles, was man tut und sagt, ist falsch?
Wie fühlt es sich an,
wenn die Selbstzweifel verschwinden?
Wenn man hoch erhobenen Hauptes durchs Leben geht,
anstatt sich ständig verstecken zu wollen?

Gibt es Selbstvertrauen in Flaschen?
Und wenn ja,
gibst du mir eine?

Hayden Panettiere - We are water

HOCHSTAPLER*syndrom*

Ich bin ein Hochstapler.
Diese Stimme in mir
wiederholt das immer und immer wieder,
so oft,
bis ich es selbst glaube.
Ich habe meinen Erfolg nicht verdient,
es war zu leicht.
Und irgendwann
wird das jemand entdecken.

„Alles, was im Leben wirklich wichtig ist,
muss man sich erarbeiten."
„Wenn man nicht darum kämpfen muss,
ist es nichts wert."
Aber was, wenn etwas Wichtiges,
etwas Entscheidendes,
leicht war?
Wenn es uns „in den Schoß gefallen ist"?
Wenn es uns einfach gefunden hat,
anstatt dass wir danach suchen mussten?
Wenn sich einfach alles gefügt hat
und es leicht war?

Wenn man eben nicht darum kämpfen musste?
Und sich etwas nicht über Jahre erarbeitet hat?
Wenn es einem einfach liegt?
Ist es dann nichts wert?

Oder beweist diese Tatsache,
dass man es sich vielleicht zu leicht gemacht hat?
Dass man nicht genug Arbeit hineingesteckt hat
oder einfach nicht so gut ist, wie man denkt?
Dass man die Probleme und Schwierigkeiten
vielleicht einfach übersehen hat?
Dass sie einfach nur darauf warten,
sich zu offenbaren und alles kaputt zu schlagen,
was du dachtest, dass du dir aufgebaut hast?

Was, wenn irgendwann jemand entdeckt,
dass es für mich zu leicht war?
Dass ich nicht gut genug bin,
nicht so gut wie alle anderen?
Dass ich den Erfolg nicht verdient habe,
weil es nicht schwer war, ihn zu erreichen?
Dass ich zu Recht unsicher bin,
weil ich eine Hochstaplerin bin?
Weil die Stimme in mir drin recht hat?

Ich weiß nicht, wie lange ich diese Stimme schon höre,
wie lang mich das Hochstaplersyndrom schon begleitet
und mir das Leben schwer macht.

Ich weiß nur, dass es da ist
und ich versuche alles, um ihm entgegenzuwirken.
Ich versuche, meine Erfolge zu feiern
und sie mir vor Augen zu halten,
damit diese negativen Gedanken
keine Wurzeln schlagen können.
Ich versuche, nicht jeden Rückschlag
als einen Beweis dafür zu sehen,
dass es eben doch Recht hat
und ich eine Versagerin
und Hochstaplerin bin.

Ich versuche es,
aber es ist schwer.
Es ist ein täglicher Kampf
und viel zu oft höre ich der Stimme eben doch zu,
vor allem dann,
wenn sie von anderen gefüttert wird.
Wenn andere unabsichtlich
oder – noch schlimmer –
absichtlich
meine Zweifel und mein Hochstaplersyndrom nähren.

Ich versuche es.
Wer weiß,
vielleicht bringe ich es irgendwann zum Verstummen?
Das wäre unglaublich schön.

Darauf arbeite ich hin,
unermüdlich,
jeden Tag.

Sam Palladio & Claire Bowen – I will fall

ICH *warte*

Werden wir uns jemals wiedersehen?
Ich weiß es nicht.
Aber ich wünsche es mir.
Ich wünsche es mir mehr als alles andere.

Ich weiß, ich war es,
die dich weggeschickt hat.
Ich wollte, dass du deine Träume lebst.
Ich konnte sehen,
wie du jeden Tag hibbeliger wurdest,
unruhiger,
ruheloser,
sehnsüchtiger.
Aber ich wusste auch,
dass du das nicht mit mir zusammen tun kannst.

Ich weiß, dass unsere Liebe echt war,
echt ist,
deswegen hatte ich auch die Kraft,
dich gehen zu lassen,
obwohl es das Letzte war, was ich tun wollte,
aber ich konnte dich nicht dazu zwingen,
alles für mich aufzugeben,

deine großen Träume,
deine Sehnsüchte,
deine Pläne.

Du wolltest die Welt bereisen,
exotische Orte sehen,
alles entdecken und probieren,
ein Buch darüber schreiben
und einfach in den Tag hinein leben.
Ich kann sowas nicht.
Ich mag keine Krabbeltiere
und fühle mich an fremden Orten einfach nur unwohl.
Du hättest für mich das alles aufgegeben,
aber irgendwann
hättest du mich vielleicht dafür gehasst
und den Gedanken konnte ich nicht ertragen.

Also habe ich dich weggeschickt,
deine Träume leben,
deine Reisen machen,
in dem Wissen, dass ich auf dich warten würde.
Und das tue ich.
Ich warte.
Obwohl ich manchmal Angst habe,
dass wir uns vielleicht niemals wiedersehen.

Wer weiß schon, was die Zukunft bringt?
Was, wenn dir das Reisen so gut gefällt,
dass du es nicht wieder aufgeben willst?
Wenn es ein so großer Teil von dir geworden ist,
dass du dir die enge einer Wohnung
nicht mehr vorstellen kannst?
Was, wenn du unterwegs eine Frau triffst,
die das Reisen ganz genauso liebt wie du?
Wenn sie perfekt für dich ist,
so viel perfekter als ich.
Was, wenn dir etwas zustößt,
bei all deinen Abenteuern?
Ich könnte es mir nie verzeihen.
Obwohl ich weiß, dass du deine Träume lebst.

Ich warte auf dich.
Ich warte jeden Tag.
Ich gehe zur Arbeit,
komme heim in meine leere Wohnung,
schaue mir die Bilder von dir – von uns – an
und warte.
Ich liege in unserem halbleeren Bett
und lege so oft meine Hand auf deine Seite
und stelle mir vor, dich dort wieder zu spüren.
Ich warte.
Und jeden Abend
lasse ich für dich das Licht im Flur an.

Ich weiß, es ist dumm,
Energieverschwendung und all sowas,
aber ich möchte einfach,
dass du dich willkommen fühlst,
wenn du irgendwann wieder nach Hause kommst.
Ich lasse für dich das Licht an,
damit es dir den Weg nach Hause leuchtet,
zurück zu mir.
Ich warte
und warte
und warte
und ich hoffe,
dass du irgendwann wirklich wieder da bist.

Also lebe deine Träume,
genieße deine Abenteuer.
Ich warte auf dich.
Ich liebe dich
und warte.

Revolverheld – Lass für dich das Licht an

DAS GEWICHT *der Welt*

Ich weiß,
du trägst das Gewicht der Welt auf deinen Schultern.
Ich weiß,
du kannst es nicht einfach ablegen.
Ich weiß,
es ist ein Teil von dir.
Aber hast du schon einmal daran gedacht,
dass du vielleicht irgendwann
einfach nicht mehr die Kraft haben könntest,
dieses Gewicht weiter allein zu tragen?

Lass mich dir helfen.
Lass mich das Gewicht mit dir zusammen tragen.
Lass mich deinen Schmerz teilen.
Lass mich deine Last übernehmen,
damit du dich wenigstens einmal
kurz entspannen kannst.
Du bist nicht mehr allein,
wenn du mich lässt.
Also lass mich.
Bitte.

Ich weiß, wie das ist,
wenn man das Gefühl hat,
alles allein schaffen zu müssen.
Ich weiß, wie das ist,
wenn da diese große Last ist,
die dich zu erdrücken droht.
Ich weiß, wie das ist,
wenn man so viel Schmerz mit sich herumträgt,
dass man gar nicht mehr weiß,
wie es früher war,
oder ob man jemals ohne diesen Schmerz gelebt hat.

Ich weiß, wie das ist,
wenn du dich so sehr an den Schmerz gewöhnt hast,
dass er ein Teil von dir geworden ist
und du nicht mehr weißt,
wer du ohne ihn eigentlich bist
und ob du ohne ihn überhaupt noch existieren kannst.

Er ist wie ein Gerüst,
um das herum du dein Leben aufgebaut hast.
Immer in der Hoffnung,
ihn irgendwie abmildern zu können.
Wie sieht dein Leben aus,
wenn dieses Gerüst entfernt wird?
Fällt dann alles in sich zusammen?
Oder stellst du fest,
dass du auch ohne es aufrecht stehst?

Du trägst das Gewicht der Welt auf deinen Schultern.

Ich weiß, wie das ist.

Aber ich sehe auch, wie deine Knie zittern.

Du schaffst es nicht mehr lang allein.

Also lass mich helfen.

Lass mich deine Last teilen.

Lass mich deinen Schmerz teilen.

Lass mich dir beistehen.

Bitte.

Vertrau mir.

Und lass mich helfen.

Revolverheld feat. Marta Jandová - Halt dich an mir fest

SICHERHEIT

Es heißt immer:
„Wer nicht wagt, der nicht gewinnt!"
Und manchmal trifft das wirklich zu.
Aber ist das immer der Fall?
Ist es nicht manchmal einfach besser,
auf Nummer Sicher zu gehen?

Ich bin sehr auf Sicherheit bedacht.
Vielleicht, weil mir schon mehr als einmal
der Boden unter den Füßen weggezogen worden ist.
Vielleicht bin ich aber auch einfach so.
Ich weiß es nicht.
Ich weiß nur, dass ich eigentlich der Typ Mensch bin,
der Risiken, so gut es geht, zu vermeiden sucht.

Ist das dumm?
Vielleicht habe ich mir dadurch
zu viele Gelegenheiten entgehen lassen.
Aber andererseits,
ich kann es nicht abstellen,
so zu denken.
Ich wünsche mir Sicherheit,
mehr als alles andere.

Ich will, dass alles in geregelten Bahnen verläuft.
Vorhersehbar ist.
Ich habe Angst, Risiken einzugehen,
und bei jeder Entscheidung fürchte ich,
einen Fehler zu machen.

Dabei habe auch ich schon
spontane Entscheidungen getroffen,
alles auf eine Karte gesetzt,
den Sprung gewagt
und es nicht bereut.
Trotzdem kann ich nicht aus meiner Haut.
Vielleicht fiele mir das alles leichter,
wenn ich mehr Selbstvertrauen
und allgemein Vertrauen hätte,
in mich,
in andere,
in die Welt an sich.
Wenn ich nicht andauernd
auf die nächste Katastrophe warten würde.

Wer weiß, vielleicht finde ich irgendwann
die Sicherheit, nach der ich suche.
Vielleicht habe ich irgendwann das Gefühl,
dass ich mich entspannen kann.
Und wer weiß,
vielleicht traue ich mich dann auch
mehr Risiken einzugehen,

spontaner zu sein,

mutiger,

freier.

Ich weiß,

dass ich meine eigene Freiheit

mit meiner Angst beschneide,

aber ich kann im Moment nicht anders handeln.

Vielleicht irgendwann mal.

Vielleicht schon bald.

Wer weiß?

Keira Knightley – Tell me if you wanna go home

Trostpreis

Was ist mit all den Versprechen,
die du mir gegeben hast?
Was ist mit all den Worten,
die du mir ins Ohr geflüstert hast?
Was ist mit all den Träumen,
die du mit mir zusammen geträumt hast?
Sind die alle vergessen?
Uninteressant geworden?
Oder waren es von Anfang an bloß Lügen?

Was ist mit all den Stunden,
die ich neben dir gelegen habe,
deine Arme um mich geschlungen,
dein Herzschlag an meinem Ohr.
Hast du die einfach vergessen?
Mich belogen, als du von Liebe sprachst?
Von der Zukunft,
von uns?

Was ist mit all unseren Plänen?
Interessieren sie dich plötzlich nicht mehr?
Oder willst du sie nur nicht mehr mit mir umsetzen?

Diese Kälte in deinem Blick –
ist sie neu?
Oder habe ich sie einfach nur nicht sehen wollen?
Ich hätte niemals gedacht,
dass ich dir mal in die Augen sehen
und einem Fremden gegenüberstehen würde.

Du willst mich nicht mehr.
Du hast all deine Versprechen gebrochen,
all unsere Träume und Pläne mit Füßen getreten.
Was erwartest du jetzt von mir?
Dass ich zusammenbreche?
Dass ich dich anflehe,
mich zu behalten?
Dass ich dir wochen-
oder monatelang hinterher trauere?
Vergiss es.

Wenn du mich so einfach
aus deinem Leben streichen kannst,
alles vergessen kannst,
was wir geteilt haben,
dann kann ich das auch.
Ich werde dir nicht nachweinen.
Ich werde dich nicht anbetteln, nicht zu gehen.
Ich werde nicht Trübsal blasen.
Ich werde mein Leben leben – ohne dich.
Es wird gut werden, dafür sorge ich.

Ich brauche niemanden in meinem Leben,
der mich so behandelt wie du;
der mir erst etwas von Liebe erzählt,
nur um plötzlich seine Meinung zu ändern.
Ich bin stark.
Ich werde nicht zerbrechen,
nur weil du mich auf einmal nicht mehr willst.
Also geh,
pack deine Sachen und verschwinde aus meinem Leben.
Und glaub bloß nicht, dass du wieder kommen kannst,
wenn das Gras auf der anderen Weide
doch nicht grüner ist.
Ich bin kein Trostpreis.
Ich habe mit dir abgeschlossen.
Leb damit.

James Blunt – Don't give me those eyes

DER MUT *zu vertrauen*

Ich weiß, es ist ein großes Risiko,
jemandem zu vertrauen,
jemanden wirklich so richtig an sich heran zu lassen.
Es erfordert Mut,
die Mauern fallen zu lassen.

Manchmal wünschte ich mir,
ich wäre so mutig.
Mutig genug, um mich anderen gegenüber zu öffnen.
Aber ich kann diese Angst einfach nicht abschütteln.
Die Angst, erneut verletzt zu werden.
Die Angst, mich dieses Mal
nicht aus den Klauen des Schmerzes befreien zu können.

Ich weiß, es gehört zum Leben dazu,
verletzt zu werden.
Jeder von uns wurde schon einmal verletzt.
Der eine mehr, der andere weniger.
Wir alle wissen, wie sich ein gebrochenes Herz anfühlt
und wir alle wissen auch, wie sich Verrat anfühlt.
Wir alle zerbrechen
und wir alle haben schon mindestens einmal
unsere zersplitterten Herzen geklebt.

Aber was, wenn dein Herz schon mehr aus Klebstoff,
als aus Glasstücken besteht?
Wärst du dann nicht auch vorsichtig?
Ängstlich?
Misstrauisch?
Was, wenn mein Herz das nächste Mal
in so viele Teile zerbricht,
dass ich sie nicht wieder alle kleben kann?
Wenn welche verloren gehen?
Oder zu Staub zerfallen?
Was wird dann aus mir?

Ich bewundere Menschen,
die mit offenem Herzen auf andere zugehen.
Die sich ohne Netz
und doppelten Boden
in das Abenteuer Liebe stürzen.
Die einfach auf das Beste hoffen
und keine Angst vor den Konsequenzen haben.
Die einfach darauf vertrauen,
dass es schon irgendwie gut gehen wird.
War ich jemals so wie sie?

Ich weiß nicht,
ob ich je wieder bereit sein werde,
einem anderen Menschen wirklich zu vertrauen.
Ich weiß nicht,
ob ich je wieder die Mauern einreißen kann,

die mein Herz und meine Seele beschützen sollen.
Ich weiß nicht,
ob ich je wieder so mutig sein kann.
Aber vielleicht muss ich auch nicht gleich alles
auf eine Karte setzen.
Vielleicht lässt mir dieser Mensch ja die Zeit,
die ich brauche,
damit mein Vertrauen wachsen kann?
Vielleicht reicht ihm ja vorerst ein Fenster
in der Mauer?
Eines, das man öffnen kann?
Vielleicht schaffe ich es ja irgendwann,
ein kleines bisschen mutig zu sein.
Ein bisschen ist besser als gar nicht, oder?
Und wer weiß,
vielleicht habe ich irgendwann sogar
den Mut zu vertrauen.

Libby Weaver – Too many to mend

WAS *willst du?*

Alle haben so viele Erwartungen an dich.
Sie haben dein Potenzial erkannt,
aber statt dich zu unterstützen oder zu fördern,
fordern sie.
Es geht schon lange nicht mehr um das,
was du willst.
Es geht nur noch darum,
ihren Wünschen nachzukommen,
ihren Erwartungen zu entsprechen,
ihnen zu geben, was sie wollen.

Ich weiß, du willst das nicht sehen.
Es macht dir nichts aus, so viel zu arbeiten,
immer noch mehr zu erreichen,
immer noch besser zu sein.
Aber siehst du denn nicht,
dass du das nicht aus eigenem Antrieb tust?
Du tust es, weil sie es von dir verlangen.
Weil sie von deinen Erfolgen profitieren.

Hast du schon einmal darüber nachgedacht,
was du willst?
Was wünschst du dir vom Leben?

Von der Zukunft?
Willst du wirklich immer so weitermachen?
Oder willst du irgendwann
auch mal einfach ankommen?

Wo soll dein Leben hingehen?
Immer höher, schneller, weiter?
Oder willst du irgendwann
auch mal auf die Bremse treten?
Erfolg ist nicht alles, weißt du?
Sollte dich deine Arbeit nicht erfüllen?
Dich glücklich machen?
Zumindest ein wenig?

Was willst du?
Wie soll dein Leben aussehen?
Was wünschst du dir für dich?
Und wie kann ich dir helfen, das zu erreichen?
Du bist wichtig.
Deine Wünsche sind wichtig.
Also:
Was willst du?

Shirock - Man inside

FREUNDE

Wir Menschen neigen dazu,
andere als „Freunde" zu bezeichnen,
auch die, mit denen wir kaum noch Kontakt haben,
selbst die, in deren Gegenwart
wir uns nicht mehr wohl fühlen.
Warum halten wir an dieser Bezeichnung fest,
selbst wenn sie nicht mehr zutrifft?

Warum ist es so wichtig,
möglichst viele „Freunde" zu haben?
Wird unser gesellschaftliches Ansehen wirklich
davon bestimmt,
wie viele Menschen wir als „Freunde" bezeichnen,
auch wenn wir sie gar nicht mehr als solche ansehen?

Wir halten an unseren „Freunden" fest,
selbst wenn sie nur noch Bekannte sind.
Wir halten an ihnen fest,
auch wenn sie uns kein gutes Gefühl mehr geben.
Warum ist das so?

Ist es wirklich so viel besser,
dreißig „Freunde" zu haben,
die einem nichts mehr bedeuten

und denen auch wir vollkommen egal sind,
als zwei oder auch nur einen,
der wirklich hinter dir steht?

Gesellig zu sein,
scheint ein absolutes Muss in der heutigen Zeit zu sein,
aber warum spielen wir da mit?
Warum lassen wir uns so unter Druck setzen?
Warum verbringen wir unsere wenige Freizeit
in der Gesellschaft von Menschen,
die uns nicht guttun?
Von denen wir wissen,
dass wir uns nicht auf sie verlassen können?

Ich sage nichts dagegen,
wenn jemand wirklich viele „echte" Freunde hat,
das ist wunderbar und beneidenswert.
Ich plädiere aber dafür,
die Menschen von dieser „Freundesliste" zu streichen,
die keine Freunde mehr sind.
Für mich ist ein Freund jemand,
der hinter mir steht.
Jemand, der mir beisteht und hilft,
wenn ich Hilfe brauche.
Jemand, der mir ein gutes Gefühl gibt,
anstatt mein Selbstbewusstsein zu untergraben.

Ich weiß, es ist schwer,
jemanden, dem man einmal nah stand,
gehen zu lassen.
Ich weiß, man will instinktiv
an den guten Zeiten festhalten,
sich daran festklammern,
in der Hoffnung,
sie kommen irgendwann zurück.
Aber so ist es nicht.
Menschen verändern sich,
entwickeln sich,
und manchmal entwickelt man sich
in unterschiedliche Richtungen.

Sag mir ehrlich,
willst du wirklich an einer „Freundschaft" festhalten,
die keine mehr ist,
nur damit du weiterhin sagen kannst,
dein Freundeskreis ist so und so groß?
Was ist besser, viele „Freunde",
mit denen du nichts mehr gemein hast,
oder einige wenige,
die wirklich zu dir stehen?
Was ist dir lieber?
Ich habe meine Entscheidung getroffen.
Also leb wohl, „Freund".

We the Living – Best laid plans

DEIN *Feuer*

Ich weiß, wie schwer es manchmal sein kann,
wie viel Kraft es braucht, sich wieder aufzurappeln,
wenn man zum x. Mal zu Boden gestoßen wurde.
Ich weiß, wie verführerisch die Vorstellung sein kann,
einfach dieses Mal liegen zu bleiben,
nicht wieder aufzustehen,
sie dieses eine Mal gewinnen zu lassen.

Ich weiß, was dir alles durch den Kopf geht.
Du fragst dich immer und immer wieder: Warum ich?
Warum werde ausgerechnet ich
immer wieder zu Boden geschupst?
Warum suchen sie sich nicht endlich jemand anderen
für ihre blöden Aktionen?
Wird es je aufhören?
Oder wird mein Leben für immer so aussehen?

Glaub mir, ich war auch an diesem Punkt.
Ich habe die gleichen Gedanken gedacht,
mir dieselben Fragen gestellt,
die gleiche Hoffnungslosigkeit
und Verzweiflung gefühlt.
Ich war du.

Und es bricht mir das Herz,
dich so zu sehen.
Ganz genau zu wissen, was du durchmachst
und dir nicht helfen zu können.

Ich weiß, es ist schwer,
unglaublich schwer.
Ich weiß, es tut weh.
Ich weiß, du bist es leid,
dich wieder aufzurappeln,
nur um direkt wieder umgestoßen zu werden.
Ich weiß, es fühlt sich ausweglos an.
Ich weiß, du fühlst dich hilflos
und allein.
Aber das bist du nicht.
Ich bin da.

Lass sie nicht dein Feuer ersticken.
Lass es heißer brennen
als das Eis in ihren Seelen.
Lass sie nicht das vernichten,
was dich ausmacht.
Kämpf noch ein kleines bisschen weiter.
Ich weiß, es fühlt sich an,
als würde es nie aufhören,
doch das wird es.
Irgendwann wird es das.

Es wird aufhören und dann bekommst du die Chance,
anderen zu zeigen, was wirklich in dir steckt.
Du wirst dein Licht in die Welt hinaustragen
und selbst wenn es nur eine Person sieht,
sie wird wissen, dass du besonders bist.
Dass du wertvoll und einzigartig bist.
Das wird den Kampf wert sein.
Also lass nicht zu,
dass sie dein Feuer ersticken.
Lass nicht zu,
dass sie dich zerstören.
Kämpfe weiter,
einen Tag nach dem anderen
und vergiss nicht,
ich bin da.
Ob du mich nun sehen kannst oder nicht.

Gavin DeGraw - Belief

LITERATUR

„Das sind ja nur Gedichte,
du bist keine richtige Autorin."
„Das sind keine Gedichte,
das reimt sich ja nicht!"
„Das liest sich wie eine WhatsApp,
was soll daran ein Buch sein?"
„Gedichte brauchen schöne Sprache,
sie klingen nicht wie ein Tagebuch-Eintrag."

Wir alle haben bestimmte Erwartungen,
wenn wir ein Buch in die Hand nehmen.
Wir erwarten eine spannende Geschichte
oder eine emotionale Achterbahnfahrt,
aber manchmal glaube ich,
dass uns unsere Erwartungen auch einschränken.

Können sich Genres nicht auch verändern?
Sich weiterentwickeln?
Früher mussten sich Gedichte immer reimen,
einen bestimmten Rhythmus haben,
viele Bilder und Metaphern enthalten,
sie mussten kunstvoll sein.

Heute kann ein Gedicht so viel mehr sein als das.
Oder in den Augen von manchen,
weniger.

Ist es ein Fortschritt,
wenn Gedichte heute aussehen dürfen,
wie dieses hier?
Oder ist es ein Rückschritt?
Eine Entwicklung in die falsche Richtung?
Ich finde, das Wichtige ist,
dass es kein „Muss" mehr gibt.
Ein Gedicht kann heute Reime enthalten,
aber das muss es nicht.
Ein Gedicht kann einen bestimmten Rhythmus haben,
aber auch wenn es den nicht hat,
ist es ein Gedicht.
Es kann eine ganz moderne Sprache führen,
oder fast vergessene Worte wieder auferstehen lassen.
Nichts davon ist richtig oder falsch
und ich finde, das ist es,
was so wichtig ist.
Es gibt Raum für die Kreativität der Menschen,
jeder kann machen, was er oder sie möchte.

Warum haben wir immer noch das Bedürfnis,
andere herabzusetzen,
bezugnehmend nur auf das Genre,
in dem sie schreiben?

Sind Science-Fiction-Romane weniger wert
als ein Thriller?
Ist jemand, der hundert erotische Romane verfasst,
weniger ein Autor
als jemand,
der einen komplizierten Roman veröffentlicht?
Bin ich keine Autorin, weil ich Gedichte schreibe?

Können wir das be- und verurteilen
nicht einfach lassen?
Ist es nicht schön, dass Literatur heute so viel umfasst?
Dass es beinahe nichts mehr gibt,
was nicht erlaubt ist?
Dass jeder schreiben kann,
was er oder sie will?
Ist es nicht egal, in welchem Genre jemand schreibt?
Ist es nicht einfach toll, dass er oder sie es tut?
Dass die Literatur lebt und blüht
und das geschriebene Wort
noch längst nicht am Ende ist?
Ist das nicht ein Grund zu feiern,
anstatt zu lästern?

Mir ist es egal, was andere sagen.
Ich schreibe Gedichte
und ich schreibe sie,
wie ich es will.

Vielleicht sind sie nicht jedem kunstvoll genug,
vielleicht fehlen manch einem die Metaphern,
vielleicht schreibe ich vielen zu frei von der Leber weg.
Aber mir ist das alles egal.
Ich schreibe,
ob es ihnen gefällt oder nicht.
Denn ich schreibe nicht für sie.
Ich schreibe für mich.
Und vielleicht auch für dich.

Longview – Falling for you

KOMM *drüber weg*

„Komm drüber weg.“
Wie oft hast du diesen Satz schon gehört?
Noch viel schlimmer ist es,
wenn noch ein „endlich“ eingefügt wird.

Es ist leicht für andere,
von einem zu verlangen,
über etwas hinweg zu kommen.
Mit etwas abzuschließen.
Es zu vergessen.
Aber es gibt Dinge,
die kann man nicht einfach so vergessen,
oder abhaken.
Es gibt Dinge, die Krallen sich an deiner Seele fest
und es fühlt sich an, als würdest du sie nie mehr los.

Wahrscheinlich ist es für Außenstehende
auch nicht immer leicht.
Woher sollen sie wissen, wie es in dir drin aussieht?
Sie können es nicht.
Sie können nicht wissen,
wie hart dich etwas getroffen hat
oder wie hartnäckig sich etwas an deine Seele krallt.

Sie wissen nicht, wie tief manche Wunden gehen
oder wie lähmend
sich die ein oder andere Erfahrung anfühlt.

Sie wissen es nicht,
aber umso befremdlicher ist es,
wenn sie sich ein Urteil erlauben.
Sie erwarten
– verlangen manchmal sogar –,
dass wir über Dinge hinweg kommen
und uns von ihnen lösen,
in einer bestimmten,
von ihnen willkürlich festgeschriebenen Zeit.
Aber so einfach ist das eben nicht.

Natürlich wäre unser Leben manchmal leichter,
wenn es uns leichter fiele,
diese Dinge,
diese Erlebnisse,
Erinnerungen
und Erfahrungen
einfach abzuhaken
und aus unserem Gedächtnis zu streichen.
Es wäre leichter,
wenn wir sie nicht so lange mit uns herumtrügen,
aber das Problem ist,
dass manche Wunden eben nur langsam heilen,
oder überhaupt nicht.

„Komm drüber weg."
Das sagt sich so leicht.
Glaub mir, manchmal würde ich nur zu gern
einen Haken an manche Sachen machen
und nie, nie wieder daran denken.
Aber so funktioniert das nicht.
Wir müssen sie verarbeiten,
bevor wir sie wegsperren können.
Klar können wir sie auch einfach verdrängen,
aber das Problem bei Verdrängung ist,
dass sie nur eine begrenzte Zeitlang funktioniert
und dann bricht das alles,
was du verdrängt hattest,
plötzlich wieder über dich herein
und begräbt dich.

Manche Ereignisse
und Erinnerungen
begleiten dich ein Leben lang.
Das ist einfach so.
Du kannst ihre Macht über dich verringern,
indem du sie verarbeitest,
aber sie bleiben dir trotzdem erhalten.
Sie können dich nicht mehr in die Knie zwingen,
aber ganz los wirst du sie nie.

Es ist leicht für andere,
dir vorzuwerfen,
du würdest zu lange an deinem Schmerz festhalten,
sie spüren ihn ja nicht.
Irgendwie erwarten andere immer,
dass man Dinge schnell abschüttelt
und wieder zum Alltag
– zum Davor –
zurückkehrt.
Aber manchmal fühlt sich das Davor
meilenweit entfernt an.
Manchmal wirkt es wie aus einem anderen Leben
und irgendwie ist es das ja auch.
Davor war ein anderes Leben
und jetzt bist du im Danach und alles ist anders.

„Komm drüber weg."
Es tut mir leid, aber das geht nicht so schnell.
Ich weiß, ihr versteht es nicht,
aber ich bin mir nicht mehr sicher,
ob die, die ich vorher war, immer noch da ist.
Ob ich sie je wiederfinden werde.
Ihr habt kein Recht, mir zu sagen,
ich würde mich „an meinen Schmerz klammern".
Ihr habt kein Recht, mir zu sagen,
ich wäre „zu dramatisch".
Ihr habt kein Recht, mir zu sagen,
ich soll „es abhaken".

Es ist nicht euch passiert.

Es ist mir passiert.

Und ich gehe damit um, wie ich es für richtig halte.

Mein Schmerz gehört mir

und wenn ich es nicht schaffe,

ihn in einer für euch angemessenen Zeit zu verarbeiten,

dann ist vielleicht nicht mit mir etwas verkehrt,

sondern mit euch und euren Vorstellungen.

Habt ihr darüber schon einmal nachgedacht?

Seid doch einfach dankbar dafür,

dass ihr es bisher geschafft habt,

alles so „schnell" zu verarbeiten und abzuhaken.

Seid dankbar dafür,

dass euch bisher nichts

so tief im Kern eurer Seele erschüttert hat,

dass ihr dafür einfach mehr Zeit braucht,

als andere euch zugestehen wollen.

Seid dankbar dafür

und hört auf, mich

und andere

dafür zu kritisieren,

wenn es uns eben nicht gelingt,

es in dem von euch aufgestellten Zeitplan zu schaffen.

Seid dankbar und haltet euch einfach raus.

„Komm drüber weg."
Ja, vielleicht schaffe ich das irgendwann,
aber die Betonung liegt hier auf „irgendwann".
Ihr könnt nicht darüber bestimmen,
wann es genug ist,
wann ich es verarbeitet haben sollte
oder gar muss.
Ich nehme mir die Zeit, die ich brauche,
egal, wie lange es dauert.

Longview – Can't explain

VIOLETT

Wenn du eine Farbe wärst, welche wärst du?
Wärst du ein sonniges, glückliches Gelb?
Oder ein saftiges, in sich ruhendes Grün?
Wärst du ein auffälliges, lebendiges,
immer zu Abenteuern aufgelegtes Rot?
Oder ein sanftes Blau, treu und beruhigend?

Früher hätte ich gesagt, ich wäre Schwarz.
Ich werde immer noch manchmal
von der Dunkelheit verfolgt,
aber heute kann ich sie aus mir raus schreiben.
Worte wie diese helfen mir.
Ich reihe sie aneinander
und irgendwie drängen sie die Dunkelheit zurück,
lassen das Schwarz an den Rändern meines Blickfeldes
zu Grau verblassen
und irgendwann zu Weiß werden.
Weiß ist Grau, das einmal Schwarz war.
Schwarz, das seine Macht verloren hat.
Schwarz, das mir nichts mehr tun kann.

Damals war aber Schwarz so präsent
und hat alles Licht geschluckt.

Es hat einfach alle anderen Farben blockiert,
sie überdeckt
und für mich unsichtbar gemacht.
Ich war allein mit dem Schwarz,
so lange,
bis ich mich kaum noch daran erinnern konnte,
was Farbe war.

Kannst du dir das vorstellen?
Farben zu vergessen?
Nicht mehr zu wissen, wie Gelb aussieht?
Wie es sich anfühlt,
riecht?
Nicht mehr zu wissen,
wie friedlich Grün sein kann
oder wie aufregend Rot?
Wie beruhigend Blau auf dich wirken kann,
wenn es dir entgegen leuchtet?

Damals konnte ich es nicht mehr sehen,
heute schon.
Ich habe gelernt,
Schwarz aus meinem Leben zu verdrängen,
seine Macht zu brechen,
ihm seinen Schrecken zu nehmen.
Ich bin stärker als Schwarz.
Ich bin Violett.

Ja, heute, würde ich sagen, bin ich Violett.
Manchmal ein kräftiges, dunkles, starkes Violett,
das sich von niemandem einreden lässt,
es sei bloß Lila.
Manchmal ein zerbrechliches Flieder,
das von Tränen verwässert fast aussieht wie Weiß.
Aber wenn die Tränen zu fließen aufhören,
kommt das Violett zurück
und behauptet sich gegen alle Widerstände.
Ich bin Violett.

Wenn du eine Farbe wärst, welche wärst du?
Weißt du es?
Oder bist du noch dabei, es herauszufinden?

Longview – Further

Chamäleon

Ich bin ein Chamäleon.
Ich passe mich meiner Umwelt an.
Ich kann sein,
was auch immer ich dich sehen lassen will.
Ich kann mich tarnen,
in der Masse untergehen,
unsichtbar, für jeden,
der nicht weiß, dass ich da bin.

Ich bin ein Chamäleon.
Du siehst mich nur, wenn ich das so will.
Ich verschmelze mit dem Hintergrund,
ich beobachte,
unerkannt,
unsichtbar.
Du kannst mich an einem fremden Ort aussetzen,
am Anfang falle ich vielleicht noch auf,
aber nicht lange, dann passe ich mich wieder an,
bin so, wie alle anderen,
verschwinde in der Masse.
Unsichtbar.
Erneut.

Ich bin ein Chamäleon.
Und manchmal wünschte ich,
ich wäre es nicht.
Manchmal würde ich gern einfach so sein,
wie ich bin.
Auffällig,
einzigartig,
besonders.
Aber das kann ich nicht.
Es ist sicherer, nicht aufzufallen.
Unter dem Radar zu bleiben,
keine Aufmerksamkeit auf mich zu ziehen.

Ich bin ein Chamäleon.
Ich bin bunt,
ich bin schwarz,
ich bin rot,
ich bin grün,
ich bin ich
und ich bin ein Chamäleon,
ob ich will oder nicht.

Josh Canova - The Wish

GEBURTSTAG

Weißt du noch,
wie du dich damals als Kind
immer auf deinen Geburtstag gefreut hast?
Hast du auch die Tage gezählt?
Warst du aufgeregt?
Hattest das Gefühl,
die Zeit läuft langsamer
und die Tage waren länger als sonst?
Die ganze Wahrnehmung
richtete sich auf diesen einen Tag aus.
Nichts danach schien wichtig
oder bedeutsam zu sein.

Weißt du noch, wie das damals war?
Es fühlte sich an,
als müsse der Tag einfach perfekt werden,
als wäre überhaupt nichts anderes möglich.
Es gab Geschenke,
Kuchen,
Lieblingsessen
und später am Tag eine kleine Party.
Alle waren nett zu dir
und haben gefeiert,
dass es dich gibt.

Und wie ist es heute?
Beinahe ein Tag wie jeder andere.
Man arbeitet seine acht Stunden,
die Welt
– das Leben –,
nimmt keine Rücksicht darauf,
ob du Geburtstag hast oder nicht.
Vielleicht findest du einige Glückwünsche
in deinem E-Mail-Postfach,
vielleicht auf dem AB.
Wenn du Glück hast,
denkt jemand genug an dich,
um dir ein Paket
oder wenigstens eine Karte zu schicken.
Wenn du Pech hast, gehörst du aber zu denen,
die ihren eigenen Geburtstag vergessen würden,
wenn nicht einige Firmen
Gutscheine zu diesem Anlass verschicken würden.

Wann haben wir diese unschuldige Freude
auf, an und über unseren Geburtstag verloren?
War es ein bestimmter Auslöser
oder ist es schleichend passiert?
Hat die Freude einfach jedes Jahr
ein bisschen mehr abgenommen?
Oder ist es plötzlich passiert?
Wann hast du sie verloren?

Ich weiß noch, für mich war ein Wendepunkt
der Tag,
an dem ich meinen Geburtstag
mit mehreren Mitschülerinnen feiern wollte
und niemand kam.
Nur eine sagte persönlich ab,
die Party eines anderen Mädchens wäre wichtiger.
An diesem Tag
habe ich einen großen Teil dieser Freude verloren.
Es war das erste Mal,
dass dieser Tag,
mein Geburtstag,
von der kalten, harten Realität getroffen wurde.

Natürlich hatte es schon andere Geburtstage gegeben,
die aus verschiedenen Gründen
nicht perfekt gewesen waren,
aber das war einfach noch mal etwas ganz anderes.
Es war Absicht
und irgendwie hat das diese schützende Blase,
die mein Geburtstag bis dahin
immer für mich gewesen war,
zum Platzen gebracht.
Ich habe nie wieder mit anderen gefeiert,
nur noch mit der Familie.
Die „Erwachsenen"-Variante,
wenn man so will.

Fieberst du deinem Geburtstag noch entgegen?
Streichst du die Tage ab
und kannst es nicht erwarten,
bis es endlich so weit ist?
Oder hat auch dir das Leben
und die Welt
diese Freude ausgetrieben?
Ich wünsche mir für dich,
dass es nicht so ist.
Ich wünsche mir für dich,
dass du dir diese unschuldige Freude
noch sehr, sehr lange erhalten kannst.

Azure Ray - Safe and sound
Lily Kershaw - As it seems

DAS *Herz*

Es heißt: „Das Herz will, was es will."
Ist das wirklich so?
Sind wir die Sklaven unserer Herzen?
Seinen Launen hilflos ausgeliefert?
Haben wir kein Mitspracherecht,
wen wir lieben wollen und wen nicht?

Ich glaube, da ist schon etwas dran.
Wie oft kommt es vor,
dass du jemanden aus deinem Leben streichen willst,
ihn nicht mehr lieben willst,
und es nicht kannst?
Jemand, der dir nicht mehr guttut,
jemand, der dir schon so oft wehgetan hat.
Und trotzdem hält dein Herz an demjenigen fest,
warum auch immer,
und zwingt dich,
diese Person trotz allem weiterhin zu lieben.

Manchmal kommt mir unser Herz
ziemlich grausam vor.
Es zwingt uns oft genug,
sehenden Auges in unser Verderben zu rennen.

Unser Verstand versucht uns zu warnen,
weist uns auf Dinge hin,
die unser Herz nicht sehen will,
und dennoch hat das Herz das letzte Wort,
ganz egal, was der Verstand sagt.

Herz oder Kopf?
Ich glaube, eine richtige Wahl hat man da nicht.
Natürlich gelingt es einigen mehr als anderen,
die Stimme des Herzens zu ignorieren
und den Verstand vorzuziehen.
Und oft genug hat der ja auch recht,
aber das Herz will trotzdem, was es will,
da kann der Verstand nichts tun.

Wie oft hat dich dein Herz
schon in Schwierigkeiten gebracht?
Wie oft hat es den Verstand ignoriert?
Und wie oft wurde es am Ende gebrochen?
Manchmal kommt es mir so vor,
als würde sich mein Herz weigern zu lernen,
weigern, aus seinen Fehlern zu lernen.
Es will nicht besonnen sein,
auf die Worte meines Verstandes hören,
sondern sich weit offen in die Welt hinausstürzen,
ganz egal,
wie oft die Welt ihm schon einen Tritt verpasst hat.

Warum lernt es nicht daraus?
Warum weigert es sich,
uns beiden den Schmerz zu ersparen?

Warum will das Herz, was es will?
Warum kann es nicht etwas anderes wollen?
Etwas, das uns ganz sicher nicht wehtun würde.
Etwas Sicheres.
Warum will es weiterhin das, was uns verletzen wird?
Warum will mein Herz, was es will?
Warum will es dich,
wenn mein Verstand mich doch anschreit,
dir aus dem Weg zu gehen?
Weißt du es?

Patty Griffin – Rowing Song
Patty Griffin – Top of the World

MOMENTE

Es gibt Momente,
die würde ich mir am liebsten auf Wiedervorlage legen.
Sie zu einem späteren Zeitpunkt erneut durchgehen
und schauen, ob ich sie dann anders bewerte.

Manche Momente will ich nicht loslassen,
andere kaue ich immer wieder durch,
um herauszufinden, was schiefgelaufen ist.
Wo lag der Fehler?
Was habe ich falsch gemacht?
Warum hat sich danach alles so entwickelt,
wie es sich entwickelt hat?

Manche Momente
möchte ich aber auch auf später verschieben,
mich jetzt einfach nicht mit ihnen auseinandersetzen,
sondern lieber später,
wenn sie mir nicht mehr so zu schaffen machen,
egal wann, aber nicht jetzt.

Am liebsten sind mir natürlich die Momente,
die ich immer wieder und wieder erleben möchte.
Die, die ich, ginge es nach mir, auf Repeat stellen würde,
damit sie sich wiederholen und nie damit aufhören.

Ich weiß, so funktioniert das Leben nicht.
Wir können uns nicht aussuchen,
was um uns herum passiert.
Wir können nur äußerst selten bestimmen,
wann wir uns mit etwas auseinandersetzen wollen,
wann eine schwierige Entscheidung fällig wird
oder wie schnell schöne Momente vorbei gehen.

Das Einzige, was wir tun können, ist,
uns die schönen Momente
immer wieder und wieder ins Gedächtnis zu rufen,
uns an ihnen festzuklammern
und zu versuchen, mit ihrer Hilfe,
die anderen Momente,
die, die uns zu schaffen machen,
zu verdrängen.

Ich weiß, Verdrängung ist keine Lösung,
aber ist es wirklich besser,
die Dinge immer wieder und wieder
hin und her zu wälzen?
Die Momente haarklein zu zerpflücken
und ständig auf Fehlersuche zu gehen?
Ist es nicht besser, sie abzuhaken
und sich auf die guten Momente zu konzentrieren?
Was denkst du?

Jimmy Eat World – 23

Raubtier

Es fasziniert mich immer wieder,
wie gut du darin bist,
deine wahre Natur zu verstecken.
Wie du es immer wieder schaffst,
alle auf deine Seite zu ziehen.
Wie machst du das?
Bin ich die Einzige, die sieht,
wer du wirklich bist?

Manchmal kommt es mir vor,
als seist du ein Chamäleon.
Du passt dich an,
tarnst dich,
gehst unter in der Masse,
bist einer von vielen.
Aber das ist nicht dein wahres Ich.
Du tust so, als wärst du ganz normal,
aber das bist du nicht.
Bin ich wirklich die Einzige,
die die disharmonischen Töne hört?
Die die Brüche in deiner Fassade sieht?

Nein, du bist kein Chamäleon.
Du bist ein Raubtier.
Ich sehe es.
Warum sehen die anderen es nicht?
Warum bin ich die Einzige,
die hinter deine Maske blickt?
Warum bin ich die Einzige,
die hinter deinem Lächeln deine Reißzähne sieht?

Du tust immer gern so,
als seist du vollkommen harmlos,
einfach ein netter Kerl,
ein Kumpel.
Aber das bist du nicht.
Ich weiß, sie sehen es nicht,
aber ich schon.
Ich habe deine Blicke gesehen.
Ich habe die disharmonischen Töne gehört.
Ich habe verstanden,
was du wirklich willst.

Ich weiß nicht, warum sie es nicht sehen wollen.
Vielleicht können sie sich nicht vorstellen,
dass jemand wie du
außerhalb von Film und Fernsehen existiert.
Vielleicht wollen sie es einfach nicht wahrhaben.
Vielleicht zeigst du aber auch nur mir,
was in dir steckt.

Machst du es mit Absicht?
Lässt du mich bewusst sehen, wer du bist?
Was du willst?
Warum?
Weil du weißt, dass mir sowieso niemand glauben wird?
Oder weil nicht sie dein Ziel sind,
sondern ich?

Warum ich?
Warum hast du dir mich ausgesucht?
Warum bin ich die,
die du ständig in die Ecke treibst?
Warum bin ich es,
die du andauernd zu berühren versuchst?
Warum bin ich die,
die du dir als Opfer ausgesucht hast?
Hältst du mich für schwach?
Ist es das?
Oder bist du einfach nur überzeugt davon,
dass dein Wort mehr Gewicht hat
als meins?

Es stimmt, du machst mir Angst.
Immer wenn ich dich auf mich zukommen sehe,
wird mir ganz anders.
Am liebsten würde ich mich
den ganzen Tag vor dir verstecken,
aber das geht nicht.

Ich muss meine Arbeit machen,
wie jeder hier.
Aber ich bin die,
die sich gleichzeitig auch dich vom Hals halten muss.
Warum ich?
Warum hier?
Warum kannst du mich nicht einfach in Ruhe lassen?

Du sagst, irgendwann kommt der Tag,
an dem ich dir gehören werde.
Der Tag, an dem niemand mich retten kommt.
Der Tag, an dem keiner den Kopierraum betritt,
wenn du mich gerade in die Ecke gedrängt hast.
Der Tag, an dem ich dir nicht mehr ausweichen kann.

Du sagst, es wird mir gefallen.
Du sagst, ich soll dich einfach machen lassen.
Du sagst, Widerstand ist zwecklos.
Du sagst, ich werde dein sein,
ob ich will oder nicht.
Aber eine Sache hast du dabei vergessen:
Ich bin nicht hilflos.

Vielleicht hört mir niemand zu,
wenn ich ihnen sage, was du da treibst.
Vielleicht glaubt mir niemand,
wenn ich erzähle, was du mir antust.

Vielleicht muss ich gegen 1000 Windmühlen kämpfen,
bis ich endlich jemanden finde,
der mir zuhört,
jemanden, der mir glaubt.
Aber ich werde nicht aufgeben.
Ich werde dich nicht gewinnen lassen.

Du hast mir lange genug das Leben zur Hölle gemacht.
Du bist vielleicht ein Raubtier,
aber das heißt noch lange nicht,
dass ich mich dir einfach ergeben werde.
Ich rüste mich für den Kampf,
bist du dir sicher, dass du es auch bist?
Mach dich bereit zu verlieren,
denn ich werde niemals aufgeben.
Ich gehöre dir nicht.
Gewöhn dich an den Gedanken.
Ich werde nicht dein Opfer sein.

Lewis Capaldi – Someone you loved

DAS *Aussehen*

Du bist zu dick.
Du bist zu groß.
Du bist zu still.
Du bist nicht modisch genug.
Du bist nicht sportlich genug.
Sieh es endlich ein:
Du bist nicht gut genug.

Wer gibt dir das Recht,
über mich zu urteilen?
Wer gibt dir das Recht,
mir all das vorzuhalten?
Niemand ist perfekt,
wusstest du das nicht?

Vielleicht bin ich dick,
vielleicht bist du aber auch zu dünn?
Vielleicht bin ich groß,
vielleicht bist du aber auch klein?
Vielleicht bin ich still,
vielleicht bist du aber auch einfach zu laut?

Vielleicht ist mir Mode egal,
vielleicht legst du aber auch zu viel Wert darauf?
Vielleicht bin ich unsportlich,
vielleicht bist du, was das angeht,
aber auch zu verbissen?

Ist es im Grunde nicht egal,
ob jemand dick ist oder dünn?
Groß oder klein?
Jemanden für sein Äußeres zu kritisieren –
wird das nicht langsam alt?
Wie lange geht das schon so?
Können wir nicht endlich lernen,
da drüber zu stehen?
Es kann dir doch wirklich egal sein,
wie ich aussehe.
Was mir aber nicht egal ist,
ist, wenn jemand einem anderen
ein schlechtes Gefühl gibt,
nur weil er in den Augen desjenigen
nicht gut genug aussieht.
Andere Dinge sind wichtiger als das Aussehen.
Wann lernen wir das endlich?

Warum kritisieren wir andere ständig
in unseren Köpfen?
„Oh, so würde ich aber nicht rumlaufen!"
„Hat sie denn keinen Spiegel?"

„Oje, das geht ja gar nicht!"
Was bringt uns das?
Lässt es dich wirklich besser fühlen,
zufriedener,
wenn du andere in deinem Kopf runterputzt?
Oder ist das nur eine Illusion
und in Wirklichkeit ändert das nichts daran,
wie du dich fühlst,
wenn du in den Spiegel schaust?

Wir reden immer alle davon,
tolerant zu sein,
weltoffen,
und andere so zu akzeptieren, wie sie sind.
Wir liken ganz fleißig bei Themen
wie „Bodypositivity"
und Aktionen gegen „Bodyshaming".
Aber wie sieht es wirklich in uns aus?
Schaffen wir es, andere einfach so zu akzeptieren,
wie sie sind?
Oder tun wir nur so?

Sind meine Ansprüche zu hoch?
Verlange ich zu viel von den Menschen?
Oder verlange ich noch nicht genug?

Vanessa Carlton – Who´s to say

ERFOLG

„Erfolg ist so wichtig."
„Es geht nichts über Erfolg."
„Wenn du nicht erfolgreich bist,
bist du nichts,
ein Niemand."
„Freizeit, was ist das?"
„Du bist nicht erfolgreich genug,
wenn du noch Zeit für etwas anderes hast."

Manchmal kommt es mir so vor,
als drifte unsere Gesellschaft immer mehr ab,
als wäre ein Workaholic zu sein,
das Nonplusultra.

Natürlich ist es schön, erfolgreich zu sein.
Und natürlich kann ein finanzielles Polster beruhigen.
Aber Arbeit allein macht auch nicht glücklich.
Also ja,
vielleicht bin ich nicht besonders erfolgreich,
aber vielleicht verlierst du auf der Jagd nach Erfolg
auch alles andere aus dem Blick?

Immer mehr Menschen
scheinen sich über ihren Erfolg zu definieren.

Oder viel eher
über ihren Mangel an Freizeit.
Immer beschäftigt zu sein,
immer im Stress zu sein,
scheint das zu sein, was man nach außen tragen soll.
Nur, wer immer einen vollen Terminplan hat,
ist erfolgreich.
Wer Zeit für andere Dinge hat
oder spontan verfügbar ist,
macht etwas falsch.

Aber vielleicht ist es genau andersherum.
Hast du schon einmal darüber nachgedacht,
wofür du immer so viel schuftest?
Warum du von Termin zu Termin hetzt?
Eigentlich geht es doch darum,
sich ein „schönes" Leben zu ermöglichen.
Aber kannst du dieses Leben bei all dem Stress
überhaupt noch genießen?

Wann war das letzte Mal, dass du innegehalten hast?
Dass du einfach mal das zu schätzen gewusst hast,
was du hast, anstatt dich an dem zu messen,
was andere Social Media zufolge haben?
Und hast du je darüber nachgedacht,
dass das, was da immer in die Kamera gehalten wird,
vielleicht gar nicht echt ist,
sondern bloß schöner Schein?

In einem Moment
wird eine „gute Work-Life-Balance" gepredigt,
aber gleichzeitig soll der Eindruck vermittelt werden,
immer beschäftigt
und immer gefragt zu sein.
Wie soll das zusammenpassen?

Sei ehrlich:
Was ist dir lieber,
ein Leben voller Arbeit und Stress
oder auch mal die Füße hochzulegen
und zu entspannen?
Weißt du überhaupt noch, wie das geht?
Oder hast du es über deiner Jagd nach Erfolg
und Anerkennung
schon längst vergessen?

Was ist Erfolg wert,
wenn du die Früchte dieses Erfolges
nicht genießen kannst?
Hast du mal darüber nachgedacht?

Death Cab For Catie - Transatlanticism

Gaffer

An alle Gaffer da draußen,
ja, ich meine euch,
euch, die ihr besonders langsam fahrt,
um nur ja nichts zu verpassen.
Ihr, die ihr euer Handy zückt,
nicht um Hilfe zu rufen,
sondern um zu filmen,
Selfies zu schießen,
euch in Pose bringt,
während vor euren Füßen
ein Mensch blutend am Boden liegt.

Und wofür das alles?
Für mehr Follower?
Sind wir wirklich so weit gesunken,
dass wir Menschen für so etwas Anerkennung zollen?
Bist du wirklich bereit,
buchstäblich über Leichen zu gehen,
für mehr Klickzahlen?

Ist dir eigentlich klar,
dass das da vor dir ein menschliches Wesen ist?
Jemand wie du und ich?

Wie würdest du dich fühlen,
wenn im wahrscheinlich schlimmsten Moment
deines Lebens
andere ihre Handys zücken würden,
um dich zu filmen?
Vielleicht sogar zu verspotten,
deine Lage zu kommentieren,
als wäre das etwas ganz Normales?
Ist es das wirklich?
Ist es normal geworden,
dass Menschen so handeln?

Hey Gaffer,
du regst dich über Staus auf?
Hast du schon mal drüber nachgedacht,
dass Leute wie du einen Großteil davon produzieren?
Ja, Menschen sind neugierig,
das verstehe ich.
Was ich aber nicht verstehe, ist,
wie man auf die Idee kommen kann,
aus dem Leid anderer Kapital schlagen zu wollen.

Was ist nur aus unserer Welt geworden?
Wenn Gaffer Rettungskräfte angreifen,
weil die ihnen ins Bild laufen.
Wenn Gaffer wie du Polizisten anschnauzen,
weil sie einen Sichtschutz aufbauen.

Warum tust du das?
Ist dieses Bild oder Video all das wirklich wert?
Sind sie es wert,
dass du zu einem Monster wirst?

Jimmy Eat World – Polaris

DEIN *Leben*

Ich weiß,
das Leben kann einem Angst machen.
Man hat so viele Erwartungen daran,
wie das eigene Leben sein soll.
Ich denke jeder von uns möchte ein Leben,
das etwas bedeutet.
Man möchte einen Unterschied machen,
etwas bewirken.

Wir alle wollen ein großartiges Leben.
Oder zumindest soll es in unseren Augen großartig sein.
Wir wollen bedeutende Dinge tun,
unsere Spuren in der Welt hinterlassen.
Unser Leben soll aufregend sein,
voller Abenteuer.
Aber weißt du, was das Problem daran ist?
Unser Leben ist kein Hollywood-Film.

Wir alle stellen so viele Erwartungen an unser Leben.
Wir sehen in Filmen und Serien Charakteren zu,
die außergewöhnliche Dinge erleben,
deren Leben so toll erscheinen
und irgendwie erwarten wir,

dass auch unser Leben so ist.
Wir wünschen uns ein Leben
wie in einem Film.
Aber die Realität ist nun mal kein Film.

Du willst ein aufregendes Leben?
Sei vorsichtig mit dem, was du dir wünschst.
Ganz schnell kann dein Leben aufregender werden,
als du es dir je vorstellen konntest –
aber nicht jede Aufregung ist gut.
Das Problem ist,
dass Filme meistens ein Happy End haben,
die Realität sieht aber oft ganz anders aus.

Meinst du nicht, es wäre wünschenswerter,
dankbar dafür zu sein,
wenn unsere Leben langweilig sind?
Wenn sie in geregelten Bahnen verlaufen,
ohne Denkmäler,
aber dafür auch ohne große Katastrophen?

Ich hatte schon so einige Aufs und Abs
in meinem Leben.
Und glaub mir,
ich ziehe die Langeweile vor.
Dein Leben ist immer nur so langweilig,
wie du es sein lässt.

Wer sagt denn, dass du irgendetwas Besonderes tun
oder erleben musst?
Auch mit deinen Talenten,
deiner Kunst,
kannst du deine Spuren in der Welt hinterlassen.
Vielleicht kannst du es jetzt noch nicht sehen,
aber niemand weiß, was kommen wird.
Vielleicht werden die Menschen noch in 100 Jahren
deine Kunst betrachten,
deine Worte lesen,
deiner Musik lauschen,
auch wenn es dir jetzt unglaublich vorkommt.

Du willst, dass dein Leben eine Bedeutung hat.
Dann verleih ihm eine!
Du musst nicht die Welt retten,
es reicht schon,
wenn du das Leben eines anderen Menschen
zum Besseren veränderst.
Lass dein Talent für dich sprechen.
Lass die Menschen sehen, wozu du fähig bist.
Sei außergewöhnlich in dem, was du tust,
weil du es tust.
Du wirst deine Spuren in der Welt hinterlassen,
da bin ich mir sicher.
Glaub daran.
Und dann sieh dabei zu, wie es wahr wird.

Jimmy Eat World - Kill

ZUKUNFT

Was willst du aus deinem Leben machen?
Was hast du für Pläne?
Für Wünsche?
Für Träume?
Weißt du es?
Oder gehörst du zu den vielen Menschen,
die keine Ahnung haben,
was mal aus ihnen werden soll.

Es ist schwer,
wenn man keinen Traumjob vor Augen hat.
Wenn man nicht schon seit Jahren weiß,
wo die Reise hingehen soll.
Wenn man sich treiben lässt
und einfach darauf hofft,
dass es irgendwann „Klick" macht
und man plötzlich ganz genau weiß,
was man mal machen will.

Aber ich glaube, es ist noch schwerer,
wenn man ganz genau weiß,
was man mal werden will,
aber irgendwann erkennen muss,
dass das niemals Wirklichkeit werden wird.

Vielleicht ist dein Abi nicht gut genug.
Vielleicht ist dein Notendurchschnitt
an der Uni zu durchschnittlich.
Vielleicht hast du einfach
nicht ausreichend Praktika gemacht,
oder nicht genügend Vitamin B.
Vielleicht hast du aber auch einfach festgestellt,
dass sich die Realität dieses Berufs
zu sehr von deiner Vorstellung unterscheidet.

Egal was es ist,
ob du nun keine Ahnung hast,
was aus dir werden soll,
oder ob du es mal wusstest
und dir jetzt einfach nicht mehr sicher bist –
weißt du, was das Geheimnis ist,
bei der Suche nach deinem Traumjob?
Mut.

Ich weiß noch, wie ich an diesem Punkt war.
Meine Pläne haben sich in Schall und Rauch aufgelöst
und ich war verzweifelt, panisch
und habe mich wie eine riesige Versagerin gefühlt.
Es ist hart, wenn du immer einen Plan hattest,
so viel Energie und Arbeit hineingesteckt hast,
nur um eines Tages zu erkennen,
dass du dir etwas vorgemacht hast
und dich dieser ganze Druck krank macht.

Ich habe damals die Notbremse gezogen,
aber gleichzeitig konnte ich mir
das auch nicht verzeihen.
Ich habe mich in die Recherche
nach Alternativen gestürzt,
Bewerbungen verschickt ohne Ende
und immer wieder ein gutes Gefühl gehabt,
nur um direkt wieder ausgemustert zu werden.
Und irgendwann war ich mir sicher,
ich würde niemals etwas finden.
Ich fühlte mich schrecklich.
Das Einzige,
was mir noch ein gutes Gefühl geben konnte,
waren Bücher.

Ich habe versucht, die Angst,
die Verzweiflung,
die Traurigkeit weg zu lesen.
Und letztlich hat mich das gerettet.
Hätte ich nicht so viel gelesen,
so viel rezensiert
und meinen Senf dazu gegeben,
hätte ich niemals meinen Traumjob gefunden.
Es klingt nach Klischee,
ich weiß,
aber manchmal findet einen das Glück –
oder in diesem Fall der Traumjob –
in den ungewöhnlichsten Momenten.

Warum ich das alles aufschreibe?
Weil ich weiß, dass ich nicht die Einzige bin.
Ich bin nicht die Einzige,
die ins Schwimmen kommt.
Ich bin nicht die Einzige,
deren Pläne nicht aufgehen.
Ich bin nicht die Einzige,
die ihre alten Träume beerdigen musste.
Ich bin nicht die Einzige,
die sich selbst dafür hasst.
Ich bin nicht die Einzige,
die sich als Versagerin fühlt.
Und ich bin auch nicht die Einzige,
die ihr Glück auf Umwegen gefunden hat.

Deswegen hör auf mich, wenn ich dir rate:
Hab Mut.
Sei mutig und probier neue Dinge aus.
Trau dich, über deinen eigenen Schatten zu springen
und eine 180 Grad Wende hinzulegen.
Und wenn es nicht klappt,
dann kannst du dir wenigstens nicht vorwerfen,
nicht alles versucht zu haben.

Lina Maly – Schön genug

Enttäuschungen

Enttäuschungen gehören zum Leben dazu,
das wissen wir alle.
Aber dieses Wissen macht es nicht leichter,
wenn die Wunden bluten
und der Schmerz noch frisch ist.

Und seien wir mal ehrlich,
es gibt Enttäuschungen
und Enttäuschungen.
Es ist nie schön, enttäuscht zu werden,
aber bei manchen Menschen
ist es einfacher, die Enttäuschung zu verwinden,
als bei anderen.
Es fällt einem leichter, das alles abzuhaken,
aber es tut auch längst nicht so weh,
wie bei manch anderen.

Hatten wir einfach zu hohe Erwartungen
an diese Personen?
Oder haben wir uns mit ihnen zu sicher gefühlt?
Haben wir uns zu sehr
auf unserem Vertrauen ausgeruht?

Oder haben wir die Person
vielleicht einfach nicht so gut gekannt,
wie wir gedacht hatten?

Jede Enttäuschung tut weh,
aber manche eben mehr als andere.
Manche können wir vergeben,
vielleicht auch vergessen,
oder einfach den Verursacher
aus unserem Leben streichen.
Aber es gibt Enttäuschungen,
die einen so hart treffen,
dass es sich anfühlt,
als würde man sich nie wieder davon erholen.

Es ist toll, jemanden zu finden,
mit dem man scheinbar auf einer Wellenlänge ist.
Sich dieser Person anzuvertrauen,
stundenlang über alles Mögliche zu reden,
wirklich zu reden
und auch über schmerzhafte Dinge zu sprechen.
Aber umso härter trifft es einen,
wenn einem der andere dann beweist,
dass es dumm war, zu vertrauen.
Wenn diese Person,
die dich doch besser kennen sollte als alle anderen,
es eben nicht tut
und sich gegen dich wendet.

Ja, es tut immer weh,
wenn man enttäuscht wird.
Aber manchmal ist der Schmerz schlimmer
als normalerweise.
Manchmal reicht er so tief,
dass du ganz genau weißt,
dass du nie wieder dieselbe sein wirst.

Jimmy Eat World – Disintegration

HOFFNUNG

Wie oft kann ein Herz brechen,
bevor es sich endgültig vor der Welt verschließt?
Wie viele Verletzungen kann es überstehen,
bevor es sich verhärtet?

Wie viel Schmerz kann ein Mensch ertragen,
bevor er sich für die Einsamkeit entscheidet?
Wie oft kann sein Vertrauen gebrochen werden,
bevor er sich weigert, jemals wieder zu vertrauen?

Es ist hart, sein Herz für jemanden zu öffnen
und dafür bestraft zu werden,
indem einem eben jenes Herz gebrochen wird.
Aber ist es nicht eine viel größere Tragödie,
sich dafür zu entscheiden,
für immer allein durchs Leben zu gehen?
Sein Herz zu verschließen
und niemanden mehr hineinzulassen?

Ich weiß, es ist verführerisch.
Auch ich habe schon mehr als einmal überlegt,
ob ich nicht einfach endgültig
meine Mauern hochziehen
und nie wieder einem anderen vertrauen sollte.

Ob es nicht besser wäre,
allen aus dem Weg zu gehen.
Ob das nicht sicherer wäre.

Aber gleichzeitig ist da diese Angst,
vielleicht etwas zu verpassen, wenn ich es tue.
Dass da draußen vielleicht doch irgendwo
irgendjemand ist,
der mein Herz zu schätzen weiß
und eben nicht darauf herumtrampelt.
Der mich zu schätzen weiß
und ausnahmsweise mein Vertrauen nicht missbraucht.
Der es mich nicht schon bald bereuen lassen wird,
ihm eine Chance gegeben zu haben.
Denkst du, so jemand existiert?

Ich habe, ehrlich gesagt,
die Hoffnung schon beinahe aufgegeben.
Aber ein kleiner Teil von mir
weigert sich, die Hoffnung zu begraben.
Ich hoffe einfach,
dass er recht hat
und mein Herz noch ein paar weitere Tiefschläge
verkraften kann,
bevor es sich weigert, weiterzumachen.
Bevor es endgültig aufgibt
und sich vor der Welt verschließt.

Josh Canova - The Wish

Fernweh

Verreist du gern?
In Urlaub
oder geschäftlich
oder zu Verwandten?
Mich packt immer wieder mal das Fernweh,
aber wenn es dann darum geht,
wirklich Ernst zu machen,
kneife ich meistens.

Ich schlafe nicht gern woanders, weißt du?
Es fühlt sich einfach falsch an.
Es riecht anders,
es klingt anders
und es fühlt sich fremd an.

Ich bin da komisch, das ist mir schon klar.
Aber ich kann nichts daran ändern.
Ich habe es schon mehrmals versucht.
Ich habe mir eingeredet,
es sei doch nur für kurze Zeit,
Versucht, mich mit anderen Dingen abzulenken.

Aber es läuft immer wieder darauf hinaus,
dass ich mich fühle,
wie auf einem fremden Planeten ausgesetzt.
Je länger ich in dem Hotelzimmer bin,
desto lauter schreit diese Stimme in mir:
„Weg, weg, weg!"

Ich weiß nicht, woran das liegt.
Und ehrlich gesagt,
schäme ich mich auch sehr dafür.
Ich würde so gern ein bisschen was von der Welt sehen,
London,
Paris,
New York,
die schottischen Highlands,
die irische Küste,
die französischen Lavendelfelder
und noch so vieles mehr.
Aber ich bringe es einfach nicht über mich.

Ich kann dort nicht schlafen,
in diesen Hotelzimmern.
Ich liege ewig wach,
schlafe meistens erst nach 3 Uhr ein,
und bin um 6:30 Uhr schon wieder wach
und glücklich, bald aus dem Zimmer zu verschwinden.

Ich weiß nicht, warum ich so bin,
warum ich es nicht einfach genießen kann,
auch mal weg zu sein.
Aber dieses Gefühl überlagert immer alles.

Verreist du gern?
In Urlaub
oder geschäftlich
oder zu Verwandten?
Ich wünschte, es würde mir leichter fallen,
es auch zu tun.
Aber andererseits liebe ich mein Zuhause.
Trotzdem, manchmal packt auch mich das Fernweh.
Ich handle allerdings nicht danach.
Ich kann es nicht.

Lily Kershaw – Ashes like Snow

DAS *traurige Mädchen*

Wir alle haben unsere Rollen zu spielen.
Wir sind „die Sportskanone",
„das Mathe-Ass",
„das Flittchen",
„die Streberin",
„der Langweiler",
„die Unsichtbare".

Welche Rolle sollst du ausfüllen?
Ich war lange Zeit „das traurige Mädchen".
Nicht nach außen,
für andere war ich entweder „die Dicke"
oder „die Unsichtbare".
Aber ich habe mich selbst zu lange
in diese Schublade gesteckt,
mich zu lange über dieses Etikett definiert.

Ich habe zugelassen,
dass mich die Traurigkeit verschlingt
und bin fast in ihren Tiefen ertrunken.
Ich habe viele Jahre gebraucht,
um zu erkennen,
dass mich die Traurigkeit nicht definieren muss,

dass ich mehr sein kann als „das traurige Mädchen".
Dass ich die Traurigkeit abstreifen kann,
wie einen alten Mantel,
der nicht mehr richtig passt.

Wir alle kommen irgendwann an den Punkt,
an dem wir uns entscheiden müssen,
ob wir diesen Etiketten treu bleiben
oder sie endlich ablegen wollen.
Aber was viele dabei vergessen, ist,
dass es nicht nur um die Etiketten geht,
die andere uns verpassen,
sondern vor allem um die,
die wir uns selbst anheften.

Dabei ist es egal,
ob wir in eine Rolle gedrängt wurden
oder sie von selbst angenommen haben.
Wichtig ist, zu erkennen,
wenn uns dieser Mantel nicht mehr passt,
wann es Zeit für eine Veränderung ist.

Ich war viel zu lange „das traurige Mädchen",
die Rolle wurde zu sehr ein Teil von mir,
hat mich definiert
und meine Entscheidungen bestimmt.

Bis mir irgendwann klar geworden ist,
dass ich nicht für immer
dieses Mädchen bleiben konnte.
Ich habe beschlossen, nicht mehr traurig zu sein,
nicht mehr pessimistisch zu sein,
nicht mehr immer vom Schlimmsten auszugehen.

Es war ein weiter Weg
und natürlich gab es auch Rückschläge.
Man wird nicht von heute auf morgen
ein komplett anderer Mensch.
Ich musste mich immer wieder ermahnen,
bewusst meine Denkweise ändern,
mich zwingen, optimistisch zu sein
oder wenigstens nicht immer alles so schwarz zu sehen.

Mein Leben soll aus mehr als Traurigkeit bestehen.
Ich will Farbe,
Licht,
Musik,
Freude.
Ich will nicht nur eine Sache sein.
Ich will viele Sachen sein.

Ich will „die Mutige" sein.
Ich will „die Laute" sein.
Ich will „die Fröhliche" sein.
Ich will „die Ernsthafte" sein.

Ich will „die Ausgeglichene" sein.
Ich will einfach Ich sein,
in all meinen Facetten.
Aber vor allem will ich,
dass ich selbst erkenne,
dass ich kein Etikett brauche,
um Ich zu sein.
Ich bin Ich,
ob mit Etikett oder ohne,
aber ohne Etikett lebt es sich
– für mich zumindest –
leichter.

Was ist mit dir?
Welches Etikett trägst du mit dir herum?
Und vor allem:
Wie lange willst du es noch behalten?

Dixie Chicks – Not ready to make nice

ERWACHSEN

Wann sind wir erwachsen geworden?
Wann haben wir aufgehört, Kind zu sein?
Unbeschwert,
Energie geladen,
einfach überschäumend vor Leben.

Wann hat die Welt
diese Flamme in uns erlöschen lassen?
Wann haben wir angefangen,
uns ihr anzupassen?
Wann haben wir entschieden,
dass wir so, wie wir waren,
nicht mehr gut genug sind?
Dass wir sein sollten wie andere,
um unseren Platz zu finden?

Wann haben wir aufgehört,
fremde Tiere auf der Straße anzustrahlen?
Uns über Regenbögen zu freuen
oder Schnee als etwas Magisches anzusehen,
anstatt als ein Ärgernis?

Wann wurde Weihnachten
zu einem Tag voller Verpflichtungen,
anstatt einem Tag voller Wunder?
Wann haben wir aufgehört,
unsere Freude nach außen zu tragen?
Wann haben wir entschieden,
dass wir unser Feuer verstecken müssen?

Wann haben wir aufgehört,
jeden Morgen aufzuwachen
und das Potenzial im kommenden Tag zu sehen?
Die Abenteuer, die auf uns warten,
die kleinen Glücksmomente.
Wann haben wir angefangen,
nur noch Aufgaben
und Arbeit zu sehen?

Wann haben wir die Freude an kleinen Dingen verloren?
Am Lächeln eines Fremden,
an dieser angenehmen Brise,
die scheinbar nur für uns weht.
Wann haben wir aufgehört,
eine uns unbekannte Katze zu streicheln,
uns einfach Zeit zu nehmen dafür
und uns an ihrem Schnurren zu erfreuen?

Wann haben wir aufgehört,
Dinge in unserer Freizeit zu tun,

die uns gefallen,
anstatt Dinge, die man halt so tut.
Wann haben wir angefangen,
vernünftig zu sein,
anstatt übermütig und frei?

Wann haben wir uns
all diese Beschränkungen auferlegt?
Wann haben wir das Kind in uns verloren?
Wann haben wir beschlossen,
es wegzusperren
und zu vergessen?
Wann sind wir erwachsen geworden?
Und wann lernen wir endlich,
dass Erwachsen-Sein nicht heißt,
dass wir alles aufgeben müssen,
was uns einst Freude gemacht hat?

Wo steht geschrieben, dass wir auch als Erwachsene
nicht manchmal Spaß haben dürfen?
Dass wir nicht auch manchmal verrückt sein dürfen?
Niemand zwingt uns dazu,
unsere innere Flamme verlöschen zu lassen,
also lass sie brennen.
Lass sie brennen und sei du selbst.
Du, wie du sein willst,
nicht wie du glaubst,
dass andere dich haben wollen.

Nur weil du anders bist,
weil du du bist,
heißt das nicht, dass du nicht erwachsen bist.
Du hast ein Recht auf ein erfülltes
und glückliches Leben.

Lass ein bisschen von der Magie von damals
wieder aufleben
und du wirst sehen,
dass das ein wenig mehr Farbe
in deinen Alltag bringen wird.
Wir sind nie zu alt für Wunder,
für Freude,
für Spaß
und für Glück.

Vast - Touched

1000 Facetten

Jeder Mensch besteht aus 1000 Facetten.
Aber wir alle zeigen der Welt um uns herum
immer nur einen Bruchteil davon,
sei es aus Angst davor, verletzt
oder abgelehnt zu werden
oder weil wir einfach das Gefühl haben,
dass es die Welt nicht interessiert,
all unsere Facetten zu sehen.

Ich frage mich,
wie viel Schönheit uns allen dadurch wohl entgeht,
dass wir den größten Teil unserer Facetten
vor der Welt verstecken
und für uns behalten.

Wenn Licht gebrochen wird,
teilt es sich auf.
Wir sehen dadurch einen Regenbogen.
Stell dir vor,
wie viele Regenbögen 1000 Facetten erschaffen würden!
Wäre das nicht wunderschön?

Der Regenbogen beweist aber auch,
wie viele verschiedene Farben in jedem von uns stecken.
Wie viele Seiten
und Emotionen
wir in uns tragen.

In uns allen steckt so viel mehr,
als wir die Welt sehen lassen.
So viele Teile unserer Persönlichkeit
halten wir unter Verschluss.
Meinst du nicht, es wäre an der Zeit,
der Welt zu zeigen,
wer wir wirklich sind?

Jeder Mensch besteht aus 1000 Facetten.
Glaubst du nicht,
die Welt wäre ein so viel besserer Ort,
wenn wir einfach unsere Zurückhaltung ablegen
und unsere Facetten nicht länger verstecken würden?
Ich will das Licht der Sonne
auf all meinen Facetten spüren,
ich will glitzern,
das Licht brechen
und Regenbögen auf die Wände malen.
Machst du mit?
Zeigst auch du der Welt deine 1000 Facetten?

Def Leppard – Long, long way to go

Ich will

Ich will, dass du mich willst.
Ich will, dass du mich brauchst.
Ich will deine ganze Welt sein,
wie du die meine bist.

Ich will, dass du keinen anderen
außer mir in deinem Leben brauchst.
Ich will dich ganz für mich allein.
Ich will dich nicht teilen.
Ich will dich niemals teilen,
nicht einmal den kleinsten Teil von dir.

Ich will morgens dein erster Gedanke sein,
wenn du die Augen öffnest.
Ich will abends dein letzter Gedanke sein,
der, der dich in deine Träume begleitet.
Ich will, dass du mich liebst,
wie ich dich liebe.

Ich will, dass du aufhörst,
dich gegen deine Gefühle zu wehren.
Ich will, dass du endlich zugibst,
was da zwischen uns ist.

Ich will, dass du nicht mehr vor mir wegrennst.
Ich will, dass du aufhörst,
mich einen Stalker zu nennen.
Ich will, dass du zugibst,
dass du mir gehörst.

Ich will, dass du aufhörst so zu tun,
als hättest du Angst vor mir.
Ich will dich nicht länger nur aus der Ferne sehen.
Ich will dich in meinen Armen halten
und nie wieder loslassen.

Für dich gibt es hunderte „ich will",
aber für mich gibt es nur eines,
denn ich will nur eine einzige Sache:
Ich will, dass du mich endlich in Ruhe lässt!

Gary Jules – I want you to want me

VERLOREN

Sag mir, fühlst du dich auch manchmal verloren?
So, als würden alle anderen ganz genau wissen,
wer sie sind,
was sie sind,
was sie wollen
und wo die Reise hingeht.
Als hätten sie alle einen Plan,
alle, außer dir.

Irgendwie scheinen alle
ihr Leben viel besser im Griff zu haben als du.
Sind erfolgreicher
und verwirklichen ihre Ziele.
Warum schaffen das alle,
bloß du nicht?

Manchmal kommt man im Leben an einen Punkt,
an dem sich herausstellt,
dass die Welt nun mal nicht so funktioniert,
wie man gedacht hat.
Wenn man mit dem Studium fertig ist,
sich auf Jobsuche begibt
und plötzlich interessiert sich niemand mehr dafür,
dass du das Studium in der Regelzeit geschafft hast

und immer sehr gute Noten hattest.
Plötzlich zählen Praktika mehr,
oder Berufserfahrung,
oder keine Ahnung was,
aber definitiv etwas, das du nicht hast.

Es ist hart, wenn du es gewohnt bist,
dass sich alles immer irgendwie fügt.
Wenn du immer genau dem Plan gefolgt bist,
und trotzdem irgendwann an den Punkt kommst,
an dem alle anderen
viel besser zu sein scheinen als du.

Das Problem ist, dass du einfach nicht weißt,
woran es liegt.
War das Vorstellungsgespräch wirklich gut
oder hast du dir das bloß eingeredet?
Liegt es am Alter
oder an deiner Figur
oder deiner Herkunft?
Es scheint immer einen Grund zu geben,
warum jemand anderes die Stelle bekommt
und nicht du.
Du kannst nicht wissen,
weshalb so entscheiden wird
und das ist der Grund,
warum du es automatisch auf dich beziehst.

Es muss an dir liegen,
du musst etwas falsch gemacht haben
oder etwas falsch verstanden haben.

Soll ich dir ein Geheimnis verraten?
Jeder kommt mal an diesen Punkt.
Jeder, der auf dich so erfolgreich
und perfekt wirkt,
kennt das.
Dass man hunderte Bewerbungen schreibt
und nur Absagen kassiert
oder sich einfach nie jemand zurückmeldet.
Jeder kennt diese Selbstzweifel,
die Zukunftsangst,
die Verzweiflung.

Glaub mir, jeder kommt irgendwann an diesen Punkt.
Und wenn man diesen Punkt erreicht hat,
bleiben einem nur zwei Möglichkeiten:
aufgeben oder weitermachen.
Entweder man schmeißt alles hin,
lässt sämtliche Hoffnung fahren
und sucht sich etwas anderes,
oder man macht weiter,
schreibt die nächsten 100 Bewerbungen,
geht zu den nächsten Vorstellungsgesprächen
und irgendwann, wenn man Glück hat,
bekommt man eine Zusage.

Es gibt keine Garantien im Leben.
Niemand hat ein Recht auf Erfolg.
Und niemand kann sein Glück erzwingen.
Man kann nur alles geben,
durchhalten,
mutig sein
und auf das Beste hoffen.

Fühlst du dich manchmal verloren?
Wie ein Versager?
Wie eine Katastrophe?
Du bist nicht allein damit
und das wirst du auch niemals sein.
Also entscheide dich,
was soll es sein?
Aufgeben
oder weitermachen?

Sia – Helium

Gewitter

Wie stehst du zu Gewittern?
Machen sie dir Angst
oder faszinieren sie dich?
Bei mir ist es definitiv Letzteres.

Ich liebe es, Gewittern zuzusehen.
Erst grummelt es nur ganz leise,
dann fallen einem irgendwann die Blitze auf,
der Regen trommelt auf die Erde
und nicht lange danach
beginnt die eigentliche Show.

Die Blitze tanzen über den Himmel,
lassen ihn leuchten
und fesseln die Aufmerksamkeit.
Der Donner sorgt dafür,
dass man sich klein und unbedeutend fühlt
im Angesicht dieser Kraft der Natur.

Aber eigentlich gehören Blitz und Donner zusammen.
Der Donner ist die Vertonung des Lichts.
Und die ganze Zeit über jagt er den Blitzen hinterher.

Erst wenn das Gewitter direkt über dir ist,
hat er sie eingeholt.

Ich liebe Gewitter!
Nicht nur wegen des Schauspiels an sich,
sondern auch,
weil sie in mir wieder die Ehrfurcht
vor der Natur wecken.
Es ist einfach beeindruckend,
dass sie diese Kraft entfesseln kann.
Ich weiß, dass Gewitter gefährlich sein können,
aber ich sehe sie mir trotzdem gern an,
stelle mich jedes Mal ans Fenster
und schaue den Blitzen beim Tanzen zu.
Was ist mit dir?
Stellst du dich neben mich?

Snow Patrol – You're all I have

Soundtrack

Lina Maly – *Schön genug*
Julien Baker – *Televangelist*
Julien Baker – *Shadowboxing*
Julien Baker – *Hurt less*
Finneas – *What they'll say about us*
Imogen Heap – *Hide and Seek*
Youth Group – *Forever Young*
Zoe Wees – *Hold me like you used to*
Until the Ribbon Breaks – *One way or another*
Ian Hooper – *Mama*
Lea – *Walk in your shoes*
Julien Baker – *Appointments*
Julien Baker – *Claws in your back*
Matt Berninger – *One more second*
Verve Pipe – *The Freshman*
Ava Max – *Sweet but Psycho*
Juli – *Regen und Meer*
Juli – *Sterne*
Lewis Capaldi – *Headspace*
Lewis Capaldi – *Hold me while you wait*
Lauren Daigle – *Rescue*
Julien Baker – *Turn out the lights*
Wonderwall – *Who am I*
Echt – *Junimond*
Dixie Chicks – *Easy Silence*
Silbermond – *Durch die Nacht*
Maisy Stella – *Come and find me*
Hayden Panettiere – *We are water*
Sam Palladio & Claire Bowen – *I will fall*
Revolverheld – *Lass für dich das Licht an*
Revolverheld feat. Marta Jandovà – *Halt dich an mir fest*
Keira Knightley – *Tell me if you wanna go home*

James Blunt – *Don't give me those eyes*
Libby Weaver – *Too many to mend*
Shirock – *Man inside*
We the Living – *Best laid plans*
Gavin DeGraw – *Belief*
Longview – *Falling for you*
Longview – *Can't explain*
Longview – *Further*
Josh Canova – *The Wish*
Azure Ray – *Safe and sound*
Lily Kershaw – *As it seems*
Patty Griffin – *Rowing Song*
Patty Griffin – *Top of the World*
Jimmy Eat World – *23*
Lewis Capaldi – *Someone you loved*
Vanessa Carlton – *Who's to say*
Death Cab For Cutie – *Transatlanticism*
Jimmy Eat World – *Polaris*
Jimmy Eat World – *Kill*
Jimmy Eat World – *Disintegration*
Lily Kershaw – *Ashes like Snow*
Dixie Chicks – *Not ready to make nice*
Vast – *Touched*
Def Leppard – *Long, long way to go*
Gary Jules – *I want you to want me*
Sia – *Helium*
Snow Patrol – *You're all I have*

Eine YouTube-Playlist mit allen Songs findet ihr hier:

ANDREA BENESCH

DARK
Rose

GEDANKEN, GEFÜHLE,
GEDICHTE

196

DARK ROSE – Gedanken, Gefühle, Gedichte
Andrea Benesch

Taschenbuch: 9783903248649, 360 Seiten, € 16,90
E-Book: 9783903248489, € 6,99
Hardcover: € 19,90 (nur auf www.andrea-benesch.de)

Verlag SchriftStella
Erschienen im Juni 2020

Was machst du, wenn sich die Gedanken in deinem Kopf überschlagen? Wenn sich die Gefühle zu einer gigantischen Welle auftürmen und alle Dämme zu brechen drohen?

Ich schreibe. Zeile um Zeile, Strophe um Strophe, Gedicht um Gedicht banne ich meine Gedanken, meine Gefühle, meine Seele auf Papier. Ich schließe sie ein und verarbeite, was mich sonst zu übermannen versucht.

Ich hoffe, meine Worte berühren dich, begleiten dich und bedeuten dir so viel wie mir.

Dark Rose bin ich und vielleicht auch ein kleines bisschen du?

TINTENTRÄNEN – Gefühle auf Papier
Andrea Benesch

Taschenbuch: 9783903248496, 200 Seiten, € 9,90
E-Book: 9783903248564, € 2,99
Hardcover: € 12,90 (nur auf www.andrea-benesch.de)
Verlag SchriftStella
Erschienen im November 2020

Wie gehst du mit Gefühlen um? Wenn die Emotionen hohe Wellen schlagen und der Schmerz einfach zu groß wird? Ich schreibe. Ich verwandle meine Gefühle in Tintentränen und lasse sie aus mir fließen, bis der Druck nachlässt. Ich schließe meinen Schmerz, meine Trauer, all meine Gefühle in meinen Worten ein und banne sie auf Papier.

Das ist meine Art, mit dem Schmerz umzugehen. Die Worte kommen zu mir, wann immer mir alles zu viel wird. Sie tauchen in meinem Kopf auf und sorgen dafür, dass ich mir alles von der Seele schreiben kann. Sie sind meine Rettungsleine, mein Fels in der Brandung, mein sicherer Hafen.

Vielleicht können sie das auch für dich sein. Fang meine Tintentränen auf, lass sie in dein Herz und ich hoffe, sie können auch dir dabei helfen, so manches zu verstehen und zu verarbeiten. Das wäre mein größter Wunsch.

Andrea
Benesch

Paper
cuts

Tränen, Worte,
Gedichte

PAPERCUTS – Tränen, Worte, Gedichte
Andrea Benesch

Taschenbuch: 9783753402826, 208 Seiten, € 9,90
E-Book: 9783753466989, € 2,99
Hardcover: € 12,90 (nur auf www.andrea-benesch.de)
Erschienen im Februar 2021

Manche Wunden reichen tief. Sie hinterlassen Narben. Schnitte auf der Seele, wie Papercuts. Sie sind klein, aber sie brennen ganz fürchterlich. Und manchmal bluten sie sogar.

In meinem Fall bluten sie Worte und Tinte.

Tropfen um Tropfen formen sie Buchstaben und Worte, Gedicht um Gedicht. Sie sind ein Teil von mir und wenn du sie liest, werden sie auch ein Teil von dir.

Lass dich mitnehmen auf eine Reise durch meine Seele und vielleicht erkennst du auch ein Stück von dir in meinen Worten.

SEELEN Splitter

GEDANKEN, WORTE, GEDICHTE

ANDREA BENESCH

SEELENSPLITTER – Gedanken, Worte, Gedichte
Andrea Benesch

Taschenbuch: 9783753496238, 214 Seiten, € 9,90
E-Book: 9783754309636, € 2,99
Hardcover: € 12,90 (nur auf www.andrea-benesch.de)
Erschienen im Mai 2021

Meine Seele ist zersplittert, das ist sie schon lange. Viele scharfkantige Splitter und ich mittendrin bei dem Versuch, sie irgendwie zu kleben.

Dieses Buch enthält einige dieser Splitter - vielleicht muss ich sie alle zwischen Buchdeckel legen, damit sie sich wieder verbinden. Was denkst du?

Meine Worte sind der Klebstoff, der sie wieder zusammenfügt.

Traust du dich, die Splitter meiner Seele zu lesen? Sie vielleicht sogar in dein Herz zu lassen?

between
DARK
NESS
and *light*

ANDREA BENESCH

BETWEEN DARKNESS AND LIGHT – Gedichte
Andrea Benesch

Taschenbuch: 9783754316719, 204 Seiten, € 9,90
E-Book: 9783754362693, € 2,99
Hardcover: € 13,90 (nur auf www.andrea-benesch.de)
Erschienen im September 2021

Wenn die Dunkelheit ihre Finger nach mir ausstreckt und versucht mich in den Abgrund zu ziehen, kommen jedes Mal die Worte zu mir. Sie reichen mir die Hand und helfen mir, die Dunkelheit in mir zurückzudrängen. Aber sie ist immer da und lauert auf den nächsten schwachen Moment.

Wie gehst du mit negativen Gefühlen um?

Ich verwandle sie in Gedichte. Ich lasse sie zusammen mit der Dunkelheit, die auf meiner Seele liegt und mich zu ersticken droht, aus mir herausfließen. Ich mache aus ihnen Tinte auf Papier, sperre die Gefühle in meine Worte ein.

Bist du bereit, diesen Teil meiner Seele an dich heranzulassen? Bist du willens, meine Worte in dein Herz zu lassen?

DANK*sagung*

Manchmal fällt es mir schwer, zu begreifen, dass ich meine mittlerweile sechste Danksagung schreiben darf. Und allein das ist schon ein Grund für ein sehr, sehr großes DANKE!

Danke, dass du mein Buch gelesen hast!

Danke vor allem aber auch an meine lieben Bookstagrammer für eure E-Mails, PNs, Storys, Rezensionen und allgemein für alles. Ich bin eine Autorin wie jede andere und freue mich über jedes positive Feedback von euch. Aber auch eure Kritik ist mir sehr willkommen. Ich liebe den Austausch mit euch und hoffe, dass ihr auch weiterhin den Kontakt mit mir sucht.

Danke an meine Coverdesignerin Sabrina von *Art for your Books* für dieses wunderschöne Cover!

Und nicht zu vergessen: Muse. Ich weiß, deiner Meinung nach bin ich langweilig, schlafe zu viel (nein, fünf Stunden reichen mir nicht!), meckere zu oft und erkenne deine Großartigkeit nicht. Aber das tue ich. Ich weiß durchaus, was ich an dir habe. Und ich bin dir sehr dankbar dafür, dass du mir immer wieder hilfst, meine Gedanken und Gefühle in Worte zu fassen und so einzusperren.

Du bist meine andere Hälfte und ich bin dir wirklich unendlich dankbar dafür, dass du mich jedes Mal aufs Neue rettest, wenn die Dunkelheit ihre Finger nach mir ausstreckt.

ÜBER *die Autorin*

Ich habe Geschichte und Germanistik an der Heinrich-Heine-Universität in Düsseldorf studiert. Anschließend habe ich eine Promotion in Siegen begonnen, diese aber bis auf Weiteres zugunsten meiner Tätigkeit als freie Lektorin aufgegeben. Mehr dazu ist hier zu finden: www.lektorat-federundeselsohr.de

Neben dem Schreiben von Gedichtbänden und meiner Arbeit lese ich leidenschaftlich gerne und rezensiere Bücher auf meinem eigenen Blog *Feder und Eselsohr* (www.federundeselsohr.de). Ihr findet mich als *Dark Rose* in verschiedenen Schreibweisen in so ziemlich jeder Buchcommunity und unter dem Namen meines Blogs in den sozialen Medien:

Facebook (Andrea Benesch/Feder und Eselsohr)
Twitter (FederEselsohr)
Instagram (Feder und Eselsohr / Andrea Benesch)
YouTube (Feder und Eselsohr)

Außerdem habe ich seit kurzem auch eine eigene Autorenseite samt Onlineshop: www.andrea-benesch.de